검은 케네디 오바마의
리더십 10계명

검은 케네디 오바마의 리더십 10계명 (개정증보판)

초판 1쇄 발행 2008년 5월 20일
초판 10쇄 발행 2008년 11월 28일
개정증보판 1쇄 발행 2013년 10월 9일

저 자   **김종현**
펴낸이   **천봉재**
펴낸곳   **일송북**

주소   (133-801) 서울시 성동구 금호로 56 3층 (금호동1가)
전화   **02-2299-1290~1**
팩스   **02-2299-1292**
이메일   minato3@hanmail.net
홈페이지 **www.ilsongbook.com**
등록   **1998. 8. 13 (제 303-3030000251002006000049호)**

ⓒ 일송북 2013

검은 케네디 오바마의

리더십 10계명

김종현 지음

살둥북

지금으로부터 4년 전, 미국은 사람들의 마음을 사로잡으며 무섭게 떠오르는 '스타'로 떠들썩해졌다. 그가 나타나는 곳에는 미국 전역에서 달려온 관중들로 인산인해를 이루고, 사람들은 그의 말 한 마디 한 마디에 박수를 치며 열렬한 환호를 보냈다. 남녀노소는 물론 지역과 인종을 막론해 그의 팬들은 날이 갈수록 늘어갔다.

그 정도쯤 되는 스타 파워라면 할리우드의 유명 스타나 록 가수를 떠올리지 않을 수 없다. 그러나 정답은 No이다. 이 스타 파워의 주인공은 대선 후보로 나섰을 당시 신드롬 현상을 낳을 만큼 유명해졌던 버락 오바마 대통령이었다.

미국 정가에 혜성같이 등장한 버락 오바마. 이 낯선 이름은 순식간에 전 세계로 퍼져가기 시작했다. 2008년에는 미국의 첫 흑인 대통령 자리를 거머쥐었고, 2012년에 재선 대통령으로 다시 선출 된 그는 지금 다시 주목을 받고 있다. 그러나 세계의 언론이 버락 오바마에게 집중하는 이유는 그것만이 아니다. 오바마라는 흑인 대통령은 인종의 벽을 넘어 미국 국민들의 마음을 5년 내내 사로잡고 있기 때문이다. 그는 과연 누구인가.

버락 오바마는 하버드대를 졸업해 변호사와 연방 상원의원직을 거쳤으며 2008년 초선 대통령에 이어 2012년 재선 대통령으로 선출되었다. 처음 힐러리 클린턴과 대선 후보로 승부전을 벌일 때만 해도 그가 대통령이 되리라 짐작하는 사람은 거의 없었다. 그만큼 버락 오바마의 인지도는 미미했다.

그런데 어느 순간부터, 정치 판도는 완전히 뒤바뀌게 되었다. 오바마는 민주당 경선에서 힐러리를 압도하며 승리를 거두었고, 사람들의 열렬한 지지는 '오바마 신드롬'이라는 신조어까지 만들어냈다. 이제 재선 대통령으로 선출된 그는 미국 언론뿐만 아니라 전 세계의 스포트라이트를 한 몸에 받고 있다.

미국 대통령에게 전 세계 사람들이 주목을 하고 있는 이유는 무엇일까. 이는 미국이 세계 최강국이며, 누가 정권을 잡느냐에 따라 세계 역학의 구도도 달라질 수 있기 때문이다.

우리나라의 남북문제와 대외적 외교관계 역시 그러하다. 오바마가 재선 이후 우리나라에 대해 어떤 정책을 펼칠 지는 이미 2013년 6월

9일 캘리포니아주 서니랜드에서 만난 중국 시진핑 주석과의 정상회담에서 한반도의 비핵화를 위한 공동 노력 합의에서 확고히 드러났다. 그런 의미에서 재선 대통령이 된 버락 오바마의 리더십을 알아보는 일은 충분히 의미 있는 일이다.

오바마 리더십의 배경은 그가 살아온 환경과 무관하지 않다. 이를 살펴보기 위해 버락 오바마에 대해 알아가다 보면 우리는 그가 꽤 흥미로운 인물임을 알 수 있다. 흑인 아버지와 백인 어머니의 혼혈아로 태어난 남다른 성장 배경에서부터, 어머니의 재혼으로 하와이와 인도네시아에서 살았던 이야기, 그리고 정체성의 혼란을 겪었던 청소년기 등 그의 이야기는 한 편의 소설과도 같다.

게다가 청소년기의 마약 복용에 관한 스캔들을 슬기롭게 극복했던 것은 이미 많은 사람들에게 알려져 있다. 또한 그는 자신이 쓴 회고록의 오디오북 구술 낭독으로 〈2008 그래미 어워드 최고 낭독앨범상〉을 받은 독특한 이력도 있다.

그러나 사람들이 오바마를 신뢰하고 열광하는 이유는 단지 그의 흥미로운 과거사 때문만은 아니다. 오바마는 사람들에게 '꿈'과 '희망'이라는 불씨를 던져주었고, 무기력한 미국 시민들의 손을 맞잡고 새로운 시대를 향해 나아가기를 촉구해 왔다. 그의 넘치는 자신감과 강한 리더십이 무기력한 상태에 빠져 있던 미국인들의 가슴에 불을 지른 것이다.

마틴 루터 킹 목사가 미국인들의 가슴속에 불씨를 던져주었던 꿈과 존 F. 케네디 전 대통령의 용기 있는 희망을 오바마 대통령에게서 함께 보게 된 미국인들은 새로운 꿈과 희망을 가지고 다시 오바마를 자신들의 리더로 세웠다. 한계가 없을 뿐만 아니라 어느 누구에게나 공평한 꿈의 세계 속에서 오바마와 미국인들은 미국의 통합과 새로운 도약이라는 거대한 꿈과 희망을 공유하고 있으며, 나아가 그 실현을 염원하고 있다.

이 책에서는 미국에서 시작된 오바마 열풍에 대해서 알아보고, 그가 흑인과 백인의 혼혈아로서 정체성을 찾아가는 과정, 가족으로부터 물려받은 정신적 유산과 더 나은 세상을 위해 끊임없이 도전하고 노력했던 과정, 그리고 미국을 변화시키기 위해 첫 임기 동안 어떤 노력을 해왔는지를 보여주고자 한다. 또 그가 사람들을 끌어당기는 매력은 무엇이며 어디에서 나오는 것인지, 그 힘의 원천과 오바마가 가진 드림 리더십에 관해 파고들 것이다.

이를 통해 미국을 짊어지고 있는 버락 오바마 대통령에 대한 궁금증이 조금이나마 해소될 것이라 생각한다. 더불어 이 글을 읽으며 독자들 역시 필자와 마찬가지로 버락 오바마라는 인물의 매력에 깊이 빠져들게 될 것으로 믿는다.

2013년 7월
무배 김종현

| 차 례 |

Part 01

미국에서 시작된
검은 열풍

OBAMA

오바마 신드롬

버락 오바마. 다소 특이한 이 이름에 미국 전역이 들썩이기 시작한 지 9년이 지났다. 2004년 오바마가 일리노이주 민주당 연방 상원의원으로 당선되며 시작된 검은 열풍은 2008년 미국 최초의 흑인 대통령을 탄생시켰다.

그로부터 4년 후, 오바마 대통령은 공화당의 대선 후보 미트 롬니와 재선 경쟁에 들어갔다. 재임 기간 동안 경제적인 개혁에서 큰 성과를 거두지 못했던 오바마는 롬니와 힘겨운 싸움을 벌였으나, 선거 막바지로 갈수록 오바마의 진심 어린 연설과 새로운 미래에 대한 굽힘 없는 의지에 미국 유권자들의 마음이 돌아서기 시작했고, 막판까지 롬니와 박빙의 승부를 벌였다.

　그리고 한국시간으로 2012년 11월 7일 오후 1시 20분, 뉴욕 타임스퀘어 전광판에 오바마 대통령 재선 성공 문구가 나타나자 지지자들은 열렬히 환호했다. 총 선거인단 538명 가운데 과반인 270명을 오바마 대통령이 확보하며 재선에 승리를 거둔 것이다. 4년 전인 2008년 미국 최초의 흑인 대통령으로, 아메리칸 드림과 변화와 희망을 몸소 증명해 냈던 오바마 대통령은 4년의 기회를 한 번 더 얻게 되었다.

　그리고 4년 전 불어닥친 '오바마 신드롬'은 다시 한 번 과거의 영광을 재현하고 있다. 이는 단지 오바마가 흑인이기 때문만은 아니다. 미국인들이 오바마에게 기울이는 관심은 케네디 전 대통령에 대한 지지처럼 단순한 흥미나 관심에 그치는 것이 아니라는 뜻이다. 이쯤 되면 정치에 관심이 없는 사람이라도 두 번씩이나 세계 최강국의 선봉장에 선 오바마라는 사람이 과연 어떤 인물인지 궁금하지 않을 수 없다.

전세를 뒤엎은 오바마 열풍

버락 오바마는 누구인가.

처음 정계에 발을 들여놓았을 때의 그는 그저 키 크고 마른 흑인 정치인일 뿐이었다. 쟁쟁한 정치가문 출신의 상원의원들은 너무나도 많았다.

물론 그는 남부 재통합 이후 상원에서는 세 번째로 의원이 된 흑인이었으며, 상원의 유일한 아프리카계 미국인 의원이었다. 그렇다면 흑인 정치인의 희소성 때문에 그의 존재가 눈에 띄었던 것일까?

그건 아닐 것이다. 그동안 흑인 출신의 정치인이 거의 없었다는 사실은 흑인이 상원의원으로 입성하기란 낙타가 바늘구멍을 통과하는 것에 비견될 만큼 어려웠다는 얘기이다. 그렇기 때문에 그는 처음부터 불리한 입장이었다. 예전에 비해 많이 나아졌다고는 하지만 미국 사회의 인종 차별과 편견은 여전히 심각한 문제로 남아있었기 때문이다.

그밖에도 그에게는 불리한 점이 많았다. 대선 후보 경선에 나섰을 때, 다년간의 정치 경험을 가진 상대 후보 힐러리 클린턴에 비한다면 오바마의 경력은 보잘 것 없이 보일 정도였다. 게다가 정치에 관한 집안 이력이 있는 것도 아니며 노련함을 지닌 노장의 정치인들처럼 나이가 많지도 않았다. 오히려 그는 너무 젊은 편이었다.

그럼에도 불구하고 2008년 오바마의 대선 출마 당시 미국의 수많은 시민들은 그에게 엄청난 기대와 희망을 걸고 노란 손수건을 흔들었다. 기대에 가득 차 '오바마를 대통령으로!', '버락, 당신은 할 수 있어요'라는 메시지를 보내는 수많은 눈들이 오로지 오바마를 향하고 있었다.

오바마 열풍의 불씨는 사실 미국 일리노이주의 상원의원으로 일하던 시절부터 시작되었다. 그가 일하는 동안 오바마는 그 주에서 가장 효율적이고 혁신적인 의원으로 널리 알려져 있었다.

그의 스타일에는 민주당이기 때문에 찬성하거나 공화당이기 때문에 반대하거나 하는 행동이 어울리지 않았다. 오바마는 새로운 법안에 대해 자신의 신념대로 행동했고, 다수의 서민들이 바라고 도움이 되는 방향을 견지했다.

그리고 2004년 민주당 전당 대회가 열렸을 때 버락 오바마는 사람들을 매혹시키는 기조연설로 세상을 놀라게 했다.

"흑인 아메리카와 백인 아메리카도, 라틴계 아메리카와 아시아계 아메리카도 없습니다. 오직 미합중국이 있을 뿐입니다."

민주당 전당 대회 기조연설로 주목을 받은 바로 그 해 11월, 버락 오바마는 70퍼센트 이상의 압도적 승리로 미국 일리노이주 민주당 연방 상원의원으로 당선되었다. 일리노이주는 흑인 유권자의 수가 15퍼센트밖에 되지 않았음을 감안하면 경이적인 승리가 아닐 수 없었다.

이후 오바마를 지지하는 사람들은 점점 많아졌고, 그는 여느 연예인 못지않은 인기를 누리게 되었다. 오바마가 나타나는 곳에서는 많은 지지자들이 그의 이름을 외쳤고, 사인을 부탁하거나 사진을 함께 찍자고 졸랐다. 그의 인기를 가리켜 〈시카고 리더(Chicago Reader)〉의 기자는 '어떤 시카고의 정치가도 이런 찬사를 들어보지 못했다'라고 말할 정도였다.

그때부터 이미 사람들은 오바마를 백악관으로 보낼 수 있을 것이라는 희망에 들뜨기 시작했다. 불과 몇 년 전까지만 해도 정치 신인이었으며, 힐러리와의 경선조차 희망적이지 않았던 판도를 단숨에 뒤엎은 것이다. 버락 오바마의 거침없는 행보는 이미 피부색과 출신성분 정도는 가볍게 뛰어넘은 지 오래였다. 사실 민주당 대선 후보 경쟁은 다윗과 골리앗의 싸움과 같았다. 민주당 경선에서 힐러리를 물리치고 대선 후보로 우뚝 선 오바마는 골리앗을 물리친 다윗의 위력을 떠올리게 했다.

버락 오바마의 힘

버락 오바마에 대한 지지는 단순히 인종적 지지에 그치지 않았다. 물론 흑인 유권자들의 힘이 컸던 것도 사실이지만 흑인 지지자들뿐만 아니라 수많은 백인 지지자, 심지어 경쟁당인 공화당원들까지 오바마를 지지하고 응원했다. 단순히 그가 흑인이기 때문에 지지한다는 사람은 별로 없었다. 흑인 유권자가 거의 없는 주나, 보수적인 백인이 많은 주의 예비 선거에서도 그는 힐러리를 제치고 승리해 미국을 놀라게 했다.

"버락의 행동은 정말 멋있어요. 그는 내가 찬성표를 던질 유일한 민주당원이죠."

그의 연설을 듣기 위해 세 시간이나 운전을 하고 왔다는 공화당원의 말이었다.

어떻게 이런 현상이 일어났을까? 뿌리 깊었던 인종적 편견까지도 극복할 만큼 미국 시민들의 마음을 단숨에 사로잡은 오바마의 힘은 어디에서 나오는 것일까?

그것은 아마도 오바마의 넘치는 자신감과 대담한 기상, 변화와 개혁에 대한 목소리에 있을 것이다. 권력과 세력 다툼에 염증이 난 사람들에게 오바마의 정신은 다시금 새로운 꿈을 갖게 만들었다.

부시 집권의 시기 동안 전쟁이 계속되고, 경제적으로는 불안정했으며 대내외적으로는 외교적 비난이 난무했다. 빈부의 격차는 더해만 가는데도 정당의 역할은 자기의 위치를 지키는 데에만 급급한 것으로 비춰졌다.

미국 국민들은 그러한 정치 현실에 점점 지치고 무관심해져갔다. 그럼에도 불구하고 사람들의 마음 깊은 곳에는 낡은 정치를 떠나보내고 새롭고 신선한 정치현실이 만들어지기를 갈망하는 마음이 있었다. 오바마는 바로 사람들의 그런 마음을 제대로 겨냥해 들어갔다. 사람들이 보기에 그는 새로운 시대에 적합한 인물이었던 것이다.

그는 당파성의 문제와 경제적 문제, 외교적 문제 등에 대해 회피하지 않고 자기 비판적인 시선으로 꼬집었다. 자신의 정치적 안위를 고려하지 않고 옳은 방향이라면 당을 떠나 지지나 비판의 목소리를 냈다. 그래서 미국 공화당 대선 후보였던 존 매케인이 그를 가리켜, "강인함과 온건함의 목소리를 동시에 가진, 미국의 성공 스토리"라고 말했는지도 모른다.

어떤 사람들은 '오바마는 보수적인 언어로 진보적인 주장을 하는 사람'이라고 말하기도 한다. 그래서 그는 오래전부터 심각한 폐단으로 나타나고 있는 당파성을 극복할 수 있는 인물로 인정받고 있다.

당파성이 사라지고 전쟁이 사라지고, 부자와 빈자의 격차가 좁아지는 사회. 오바마는 이런 사회에 대한 비전을 설파한다. 이러한 오바마의 통합적 리더십은 이 땅의 정치현실에 비추어 볼 때도 충분히 주목할 만하다.

유색인 정치인들이 주로 저지르는 오류처럼 흑인 인권주의에 매몰된 모습을 보이지도 않는다. 오바마는 그 스스로가 말했듯 흑인만을 위한 오바마가 아닌 미국을 위한 오바마라고 말하며 사람들의 마음을 사로잡았다.

분열이 아닌 통합을 만드는 것은 리더의 덕목이라고 할 수 있다. 그런 면에서 오바마는 단연 탁월한 리더의 자질을 가지고 있다고 볼 수 있다.

게다가 그의 언어에는 사람들을 매료시키는 신비한 힘이 있다. 강하고 감성적인 그의 연설은 사람들로 하여금 '희망'을 갖게 만든다. 그래서 그의 연설 스타일은 케네디 전 대통령의 참신함과 지적향기, 마틴 루터 킹의 진실성과 절실함을 함께 갖추었다는 평가를 받기도 한다. 오바마가 사람들에게 안겨 주는 희망과 믿음, 세상이 변하지 않는다고 생각하는 사람들에게 "달라질 수 있다"는 희망과 믿음을 주는 것은 아무나 할 수 있는 일은 아니다.

그래서 오바마에게는 적이 많지 않았다. 민주당원임에도 공화당원들의 지지를 함께 얻었다는 점에서도 오바마의 탁월한 대인 흡인력을 짐작케 한다.

오바마의 힘은 대통령 재임 기간에 잠시 힘을 잃는 듯 했다. 사실 오바마가 당선되었을 당시의 미국 경제상황은 최악의 시기를 맞이하고 있었다. 희망의 미래를 제시하며 서민을 위한 정치를 추구한 대통령이었지만, 그 모든 악조건을 단숨에 극복해내는 것은 불가능에 가까웠다. 그래도 그는 서민의 복지를 위해 투쟁했고, 전쟁과 테러를 종식시키기 위한 노력을 다했다. 그 결과 4년의 임기가 끝난 현재, 미국인들은 다시 오바마의 손을 들어주었다.

일찍이 마이클 컬피퍼라는 역사가는 오바마 효과에 대해 이렇게 분석한 바 있다.

"부시의 이라크 전쟁 실패, 경제 침체, 그리고 사회 분열은 우리를 일깨워 주었다. 미국 사회는 오랫동안 케네디 전 대통령, 마틴 루터 킹 목사 시절의 가치와 목표를 잊고 있었다. 이제 미국인들은 사회 정의, 존경받는 미국, 공동체, 통합과 변화의 가치를 다시 찾아 나섰다. 그게 오바마 효과다."

사람들은 화합을 갈망한다. 걱정과 근심 없이 모두가 평화롭게 사는 세상, 그것을 버락 오바마라는 리더가 이루어 주기를 기대한다. 기대를 넘어 그가 반드시 해낼 수 있으리라고 믿는다. 사람들의 그 믿음이 오바마 신드롬이라는 현상을 만들어냈던 것이다. 그런 의미에서 버락 오바마의 어깨는 다시 한 번 자신을 믿어준 사람들에 대한 책임감으로 한층 더 무거워져야 할 것이다.

케네디와 링컨의 화신

"내 아버지 처럼 국민에게 영감을 불어 넣어주는 대통령을
아직 보지 못했지만 미국의 새로운 세대를 위해
그런 대통령이 될 수 있는 사람을 이제 찾았다고 생각한다."

–캐롤라인 케네디의 〈뉴욕타임스〉 기고문 중에서

검은 케네디

〈타임〉지는 버락 오바마가 2004년 민주당 전당 대회에서 했던 기조연설을 가리켜 전당대회 사상 최고의 명연설이라고 뽑은 바 있다. "흑인 아메리카와 백인 아메리카도, 라틴계 아메리카와 아시아계 아메리카도 없습니다. 오직 미합중국이 있을 뿐"이라고 외쳤던 연설은 무명 정치인이었던 버락 오바마를 한순간에 스타로 부각시키기에 충분했다. 그의 연설은 케네디의 명연설과도 비슷하다는 얘기도 나왔다.

미국인들이여, 여러분의 조국이 당신에게 무엇을 해줄 수 있는가를 묻지 말고, 여러분들이 먼저 조국을 위해 무엇을 할 것인지 자문해 보라.

- 존 F. 케네디의 취임연설

버락 오바마는 연설 스타일에서부터 내용까지 케네디가 주는 감명과 흡사하다는 평가를 받으며 '검은 케네디'라는 별칭으로 불리기 시작했다. 전 대통령이었던 케네디와 비교한다는 것은 그를 백악관으로 보내고 싶어 하는 지지자들의 간절한 소망을 나타내는 것이기도 했다.

오바마가 '검은 케네디'로 불리게 된 표면적인 이유들은 이랬다.

첫째, 미국 역사상 최연소 대통령이었던 케네디는 출마 당시 나이가 43세였다. 1961년생으로 2008년 대통령 출마 당시 48세였던 버락 오바마는 민주당과 공화당의 대선 후보 가운데 가장 나이가 적었다. 둘 다 하버드 로스쿨 출신이라는 점도 공통점이다.

둘째, 케네디는 미국사회에서 아일랜드계의 카톨릭 신자였으며 오바마는 케냐 출신의 흑인 아버지와 백인 어머니 사이에서 태어난 혼혈아이다. 둘 다 미국의 주류 사회와는 거리가 멀었던 셈이다.

셋째, 오바마의 부인 미셸은 케네디의 부인이었던 재클린과 종종 비교되곤 한다. 백조 스타일의 머리모양, 깔끔하고 단정한 치마 정장, 포인트 진주 목걸이 등 미셸의 전체적인 스타일이 당시 패셔니스트였던 재클린과 흡사하다는 평을 받고 있다.

표면적으로 보이는 유사점 외에도, 실제로 오바마는 케네디의 말을 종종 인용했다. 맨체스터 연설에서는 케네디 대통령이 내세운 개혁 정책인 뉴 프론티어(New Frontier) 정책을 되풀이해 말하기도 했다.

"미국은 책장을 넘길 준비가 되어 있습니다. 미국은 새로운 도전을 받아들일 준비가 되어 있습니다. 지금은 우리의 시대입니다. 새로운 세대는 앞으로 나아갈 준비가 되어 있습니다."

사회 복지의 충실, 인종 차별의 폐지, 고도 경제 성장의 실현을 제시한 케네디의 정책은 시대적 차이는 있으나 오바마가 가진 신념의 근본이 되는 것이라고 할 수 있다.

그러나 '검은 케네디 오바마'라는 이미지가 반드시 좋은 것만은 아니다. 사실 유명한 누군가와 비교된다는 것은 자랑스러운 일이기도 하지만, 자칫 '아류'로 끝나버릴 위험도 있다. 이전에도 '케네디식 정치 스타일'을 보이며 각광을 받았으나 바로 그 이유 때문에 금방 묻혀버린 정치 스타들이 많았기 때문이다. 오바마는 그 점에 대해 누구보다 잘 알고 있었다. 그래서 전략적으로 케네디에게 기대는 부분이 많으면서도 한편으로는 '케네디의 껍데기에 끼워져' 묻히지 않도록 주의해 왔다.

케네디 가(家)와의 인연

버락 오바마가 케네디 대통령 이상으로 자주 비교되는 사람은 케네디의 남동생 로버트 프랜시스 케네디(애칭인 '바비 케네디'로 더 유명하다)이다. 미 법무장관을 지낸 바 있는 바비 케네디는 1968년에 민주당 대통령 후보로 출마해 형 이상의 인기를 얻은 바 있다. 그러나 안타깝게도 승리의 문턱에서 형처럼 암살당하는 불운을 겪은 인물이다. 정치적으로 진보적이었던 그는 소수자와 약자를 대변했고, 대중에게 어필하는 힘이 있었으며 재치 있고 말을 잘했다. 바비 케네디의 그러한 점들이 진보적이고 대중을 사로잡는 능력을 가진 오바마와 비교되었을 것이다. 바비 케네디의 추모사에서 오바마는 이렇게 말했다.

"전쟁으로 찢기고 내부적으로 분열된 국가에서, 그는 우리의 눈을 바라보며 희망이 찾아올 것이라고 말했습니다."

바비 케네디의 말인지 오바마의 말인지 구분할 수 없을 정도로 그들의 신념은 같은 꼴이었다. 아이러니하게도 오바마가 처음 상원의원이 되어 물려받은 자리도 바비 케네디가 앉았던 바로 그 자리였다.

이런 인연 덕분일까, 오바마는 첫 대선 출마 당시 케네디 가(家)의 대대적인 지지를 받았다. 케네디 대통령의 자녀인 캐롤라인 케네디와 케네디 대통령의 동생 고(故) 에드워드 케네디 상원의원이 오바마에 대한 지지를 선언하고 나섰던 것이다. 오바마로서는 매우 '의미 있는'

원군들이었다.

오바마가 당선된 다음 해인 2009년에 타계한 에드워드 케네디 상원의원은 한동안 중립을 지켜오던 민주당의 원로이자 최장수 상원의원 가운데 한 사람이었다. 게다가 미국 최고의 정치가문 출신이니 그의 영향력이 어느 정도였는지는 짐작하고도 남을 것이다.

게다가 에드워드 케네디는 반대편 진영의 힐러리 클린턴과 빌 클린턴 전 대통령과도 오랫동안 친분을 유지해 왔던 터였다. 그랬던 그가 아들 패트릭 케네디 하원 의원, 조카 캐롤라인 케네디와 함께 오바마 지지를 선언하며 "민주당의 새로운 세대에 동기를 부여하고 있는 오바마의 능력을 높이 사 지지를 결심했다"고 말했다. 그러면서 오바마의 탁월한 지도력을 언급하고 케네디 전 대통령의 후계자라고 치켜세우기도 했다.

캐롤라인 케네디 역시 〈뉴욕타임스〉를 통해 '나의 아버지 같은 대통령'이라는 제목의 기고문으로 오바마 지지를 선언했다.

"내 아버지처럼 국민에게 영감을 불어 넣어주는 대통령을 아직 보지 못했지만 미국의 새로운 세대를 위해 그런 대통령이 될 수 있는 사람을 이제 찾았다고 생각한다."

케네디 가문의 오바마 지지를 통해 '검은 케네디'라는 인상은 한결 강해졌다. 이로써 1960년대 케네디 대통령에 대한 향수에 젖은 유권자들의 마음을 사로잡는 일은 한층 더 쉬워졌던 것이다.

링컨과 가장 비슷한 후보

사람들은 케네디 대통령 외에 역대 최고의 대통령으로 손꼽히는 링컨도, 오바마와 견주어 생각한다. '주요 대선 후보들이 과거 어떤 대통령과 가장 닮았는가?' 라는 여론조사에서도 오바마는 케네디 대통령과 링컨 대통령, 이 두 사람과 가장 비슷하다는 결과가 나왔다고 한다.

링컨은 대화와 타협을 통해 노예해방이라는 역사적인 길을 연 대통령으로 유명하다. 링컨의 게티즈버그 연설은 이제 일종의 황금률이 되어 사람들의 입에서 입으로 전해지고 있기도 하다.

링컨의 게티즈버그 연설은 세계에서 가장 유명한 연설 중 하나로 "국민의, 국민에 의한, 국민을 위한 정부는 지상에서 사라지지 않을 것"이라는 말은 그 중에서도 가장 널리 알려져 있는 명문이다. 그는 그밖에도 노예 해방을 선언하며, "타인의 자유를 부인하는 자는, 그 자신도 자유를 누릴 가치가 없다"는 말을 남기기도 했다.

새로운 시대를 위한 개혁을 주창하는 오바마는 노예 해방을 통해 시대의 새로운 장을 연 링컨과 비교될 만하다.

재미있는 것은 버락 오바마가 첫 대선 출마 선언을 했던 지역이 링컨 대통령의 고향인 일리노이주 스프링필드라는 것이다. 사람들이 자신에게서 링컨 대통령을 느끼기를 노린 것인지는 알 수 없지만 어쨌든 그가 링컨에게서 많은 공감을 얻은 것은 사실로 보였다.

출정식 또한 스프링필드 지역 옛 의사당 앞에서 했는데, 그곳은 1858년 링컨이 "절반은 노예이고 절반은 자유인인 분열된 집은 제대로 설 수 없다"라는 유명한 연설을 했던 곳이다. 오바마도 바로 이곳에서 출정 선언식을 했다.

"호리호리하게 컸던 키다리 변호사의 생애는 우리에게 다른 미래가 가능하다는 것을 가르쳐 줍니다. 링컨의 그림자가 있는 이곳에는 우리 공동의 희망과 꿈이 있습니다. 그래서 나는 이곳에서 출마를 선언하려고 합니다."

이 출정식은 나중에 여러 매체로부터 링컨의 메시지를 효과적으로 활용했다는 평가를 받기도 했다.

이와 같이 일리노이주를 정치적 고향으로 선택하고 링컨의 연설에 많은 영향을 받은 점, 이것이 오바마가 링컨과 자주 비교되는 이유였다. 링컨 대통령 도서관 기념행사에서 펼친 연설에서도 오바마에게 끼친 링컨의 영향력을 느낄 수 있었다.

"링컨은 가난을 극복하고 일어섰고 독학으로 끝내 언어와 법률을 통달했습니다. 또 개인적인 상실감을 이겨 내면서 거듭된 실패에도 불구하고 당초의 결의를 그대로 이어 나간 그의 능력, 이 모든 것에서 우리는 미국인의 품성을 이루는 근본적인 요소, 즉 보다 큰 꿈을 이루기 위해 자신을 끊임없이 혁신할 수 있다는 믿음을 볼 수 있습니다."

링컨의 개인적인 부분에서 오바마는 일종의 자기 동일시를 느꼈을지도 모른다. 그리고 악조건 속에서도 자신을 혁신하고 꿈을 향해 나아갔던 링컨은 오바마에게 있어서 등대와 같은 역할을 했을 것이다.

솔직함과 진정성으로
승부하다

> "적의를 가라앉히는 오바마의
> 솔직함이 그 일을 끝난 문제로 만들었다."
>
> –〈워싱턴포스트〉

완벽하지 않아서 매력적인

대중들이 정치인들에게 바라는 것 중의 하나는 솔직함이다. 그러나 '부패한 정치'의 시대에 대중들이 바라보는 정치인들은 솔직함과는 정반대의 모습을 하고 있다. 그들은 대중의 표를 얻어야 할 때에는 사탕발림식의 언어와 행동으로 자신의 강점을 추켜세우는데 여념이 없다. 그러나 일단 표를 얻고 난 뒤에는 전혀 다른 얼굴이 된다. 그들이 생각하기에 치열한 싸움터와 같은 정치권 내에서 솔직함은 자살 행위나 다름없다.

어떤 정치인들은 갖은 비리와 추악한 소문을 등에 업고 다니기도 한다. 만일 자신의 약점이 드러났을 때는 권력의 힘을 빌리는 등 온갖 수단을 동원해서라도 소문을 차단하거나 혹은 모르쇠로 일관한다.

그런 정치인들에게서 사람들은 결코 나라를 진정으로 위하는 마음을 발견하지 못하며, 진정성이 보이지 않는 그들에게서 좀 더 나은 세상에 대한 희망을 갖는 것은 무리라고 여긴다.

이런 상황 속에서 '새로운 시대에 대한 갈증은 오랫동안 지속되어 왔다. 사람들은 정치라는 세계가 보여주는 가식의 가면에 지쳐 있는 상태였다. 그들이 바라는 것은 오직 하나, 진정으로 나라를 생각하는 마음을 지닌 정치인을 만나는 것이다.

사람들이 버락 오바마에게 열광했던 것은 그가 바로, 그들이 바라는 '진정성과 솔직함'을 갖춘 사람이기 때문이었다.

그리고 오바마의 솔직함은 그에게 약점이 된 것이 아니라 오히려 강력한 무기가 되었다. 솔직하고 깨끗한 정치인의 모습을 갈망하던 사람들의 요구와 적절하게 맞아떨어졌던 것이다.

오바마는 자신의 회고록 〈내 아버지로부터의 꿈〉을 통해 자신의 남다른 출생, 성장과정, 혼란의 시기 등을 여과 없이 보여주었다. 오바마의 회고록은 솔직한 자기 성찰로 가득한 회고록이었다. 회고록은 1995년에 처음 출간되었다가 오바마가 정치인으로 주목받기 시작한 2004년에 다시 재출간되어 〈뉴욕 타임스〉의 베스트셀러 목록에 올랐다.

〈내 아버지로부터의 꿈〉은 어쩌면 정치적인 약점이 될 만한 오바마의 사생활을 그대로 드러내었다. 자기선전이나 장점만을 부각시킨 대개의 회고록과는 성격이 다르다고 할 수 있다. 이 책에는 심지어 혼혈아로서의 정체성을 고민하던 청소년 시절에 마약에 손을 댄 적 있었던 과거까지도 서술되어 있다.

만일 그가 정치에 입문한 후 회고록에서 밝힌 마약 복용에 관한 부분이 자신의 앞날에 문제가 될 것이라고 판단했다면 재출간 당시 충분히 수정하거나 삭제해도 좋았을 것이다. 그러나 그는 그렇게 하지 않았고 책의 개정판 서문에서 이렇게 말했다.

"설령 이 책의 어떤 부분들은 정치적으로 볼 때 적절하지 않다고 드러났고, 따라서 수많은 사람들이 꼬투리를 잡고 달려든다 해도, 책에 담긴 이야기들을 10년 전과는 다른 새로운 목소리로 다시 이야기할 수는 없다."

비록 그 이야기들이 자신의 약점이라 해도 정치적 입지가 달라졌다는 이유 때문에 있는 그대로의 사실을 숨길 수 없다는 말이다. 게다가 그는 '나보다 훨씬 어려운 환경에 있는 젊은이들이 실수를 할 수도 있지만, 과거의 실수에도 불구하고 회복될 수 있음을 깨닫는 것'이 중요하다고 생각했다.

솔직하고 당당하게

오바마의 대선 후보 시절, 그를 과소평가하는 기자들이나 그를 시기하는 공화당원들은 종종 마약에 손을 댔던 그의 과거를 빌미로 공격하려 들었다. 한번은 대마를 피냐는 질문을 받은 적도 있었다. 오바마는 그에 이렇게 답했다.

"최근은 아니고, 고등학교 때였습니다."

"흡입했나요?"

"바로 그겁니다."

오바마는 기자의 짓궂은 질문을 위트 있게 받아넘겼다. 그러자 그 과거에 대한 논쟁은 곧 잠잠해졌다.

과거는 과거일 뿐이며 오바마는 자신에게 독이 될 수 있었던 시간들을 슬기롭게 헤쳐 나왔다. 이미 극복했다면 그것이 지난 과거라고 해서 부끄럽게 여긴다거나 숨기는 것은 정치인으로서 비겁한 행동이었다.

자신을 공격하는 질문에도 당황하지 않고 자신의 과거를 당당히 밝힌 솔직함, 이것은 치명적인 약점이 되기는커녕 오히려 버락 오바마라는 정치인을 솔직하고 당당한 인물로 인식시켰다. 〈워싱턴 포스트〉지에서는 '적의를 가라앉히는 오바마의 솔직함이 그 일을 끝난 문제로 만들었다'라고 말했으며, 민주당에서는 '누가 제일 먼저 돌을 던질 것인가?'라고 물었다.

현재는 금연을 했지만, 오바마는 대통령이 된 후에도 한동안 담배를 끊지 못하고 있었다. 이는 대통령으로서 좋은 인상을 주는 부분은 아니다. 그렇지만 오바마는 솔직하게 얘기했다. 담배를 끊으려고 노력하고 있으며 현재는 하루 3개비로 흡연량을 줄였다고 말이다.

대선 후보 시절, 표심을 얻어야 하는 대중 집회에서도 그는 인기에 영합하기 위한 핑크빛 공약을 함부로 쏟아내지 않았다. 오바마는 안 되는 것은 안 된다고 단호히 말했다.

"노인 연금액을 올리는 것은 사실 국가 재정에 막대한 부담이 가는 일입니다. 그렇기 때문에 제가 이 문제에 대해 섣불리 공약으로 내세울 수가 없습니다."

노인들이 주가 된 대중 집회에서 이러한 발언은 많은 표를 잃을지도 모르는 자살행위였다. 그러나 오바마의 솔직함은 그가 큰 그릇이라는 점을 보여줬으며, 결국 대통령감이라는 평가를 받게 했다.

사실 버락 오바마가 내세운 공약 중에서 특별히 참신하다 할 만한 것은 없었다. 대부분은 변화를 통해 새로운 시대를 열겠다는, 추상적인 연설들이었다. 그 점은 상대 진영에서 충분히 공격할 만한 허점이었다. 그럼에도 오바마의 인기는 식을 줄을 몰랐다. 왜일까?

다름 아닌 진정성 때문이다. 오바마의 솔직함이 원천이 되어 그의 발언은 비로소 진정성을 얻을 수 있었다. "내 가슴은 이 나라에 대한 사랑으로 가득 차 있다"라고 한 말이 정치인이 흔히 할 수 있는 포장이 아닌 가슴에서 우러나오는 발언임을 느낄 수 있었던 것은 바로 오바마의 진정성과 솔직함 때문이었다.

오프라 윈프리 효과,
오프라바마

"루터 킹 목사는 꿈이 있다고 말했지만
우리는 오바마를 통해 꿈을 현실로 만들 수 있습니다."
—오프라 윈프리

윈프리가 발견한 꿈과 희망

세계에서 가장 존경받는 여성 가운데 한 명이자 미국인들이 가장
좋아하는 방송인으로 손꼽히는 오프라 윈프리를 모르는 사람은 거
의 없다. 2004년에는 유엔이 주는 '올해의 세계 지도자상'에 뽑히기
도 했고, 2010년에는 케네디센터의 '평생공로상'을 수상한 그녀다.

미국에서 오프라 윈프리가 가지고 있는 영향력은 그만큼 대단하
다. 그런 그녀가 버락 오바마의 대선 출마 당시 오바마에 대한 지지
를 공식 선언하고 나섰다. 그동안 정치권으로부터 수많은 지원 요청

을 받아왔으나 단 한 번도 어느 특정 후보의 지지를 표명한 적이 없는 그녀였기에, 오바마 지지 선언은 더욱 놀라운 일이었다.

물론 오프라 윈프리 뿐만 아니라 미국의 많은 유명 인사들이 오바마 마니아를 자칭했다. 조지 클루니, 로버트 드 니로, 맷 데이먼, 할리 베리, 스칼렛 요한슨, 탐 크루즈, 보노 등이 버락 오바마를 공개 지지했다. 이들 지지자 중 벤 에플렉은 "오바마는 최소한 10년간 어느 당 출신이든 간에 가장 우리를 자극시키는 지도자일 것"이라고 말했다.

그 외에도 세계에서 가장 영향력 있는 갑부로 불리는 조지 소로스와 주식과 투자의 귀재로 불리는 워런 버핏 역시 버락 오바마의 강력한 지지자들이었다.

그러나 매스컴과 수많은 시청자라는 절대적 무기를 손에 쥔 오프라 윈프리는 오바마의 많은 지지자 가운데서도 가장 '파워 있는' 지지자였다. 윈프리는 자신의 토크쇼인 '오프라 윈프리 쇼'에 오바마를 초대하고, 할리우드에서 오바마를 위한 선거기금 마련 행사를 벌이기도 했으며, 오바마의 집회에 참석해 지지 연설을 하기도 했다.

"그 사람은 내가 정말 좋아하는 친구예요. 그가 대통령에 출마하기를 원해요."

이 말에서처럼 오바마에 대한 윈프리의 지지 선언은 매우 직접적이었다. 윈프리의 행보가 가져온 파급 효과는 엄청났다. 오바마를 지지하기 위해 참석한 윈프리를 보기 위해 이전보다 훨씬 많은 수의 관중들이 모여들었다. 오프라 윈프리가 참석한 아이오와주 연설에서는 미 대선 사상 가장 많은 관중이 몰려들었다고 한다. 그 규모가 얼마나 엄청났는지 신문에서는 오프라의 유세 지원을 가리켜 '오프라팔루자(palooza, 열광적인 파티란 뜻)'라고 칭했을 정도였다.

또, 지금까지 단 한 번도 투표를 하지 않았던 사람들이 오프라의 지지 선언을 보며 투표 등록을 하는 현상을 낳기도 했다. 이를 통해 생겨난 말이, 오프라바마(오프라와 오바마의 합성어)였다.

그러나 한편에서는 윈프리가 오바마 지지를 직접적으로 표현한 데 대해 색안경을 끼고 바라보는 사람들도 많았다. 그중에서도 힐러리를 지지하는 급진 여성들의 불만이 많은 편이었다. 미국 역사상 최초로 여성을 백악관으로 보낼 수 있는 기회를 얻었는데도 윈프리가 흑인을 지지했다는 것이었다. 힐러리가 아닌 오바마를 선택한 이유도 두 사람이 같은 인종 때문이라는 말로 반감을 표시하기도 했다.

그들의 말처럼 같은 흑인이기 때문에 윈프리가 오바마 지지를 선언한 것이었을까? 윈프리는 그렇지 않다고 말했다. 흑인이라서가 아니라 그가 보여주는 희망을 보았다고 그녀는 이야기했다.

오프라 윈프리는 2007년 12월 18일 사우스캐롤라이나 주의 집회에 참석한 바 있었다. 1만 8000석의 표가 매진돼 행사장을 사우스캐롤라이나 대학의 8만석짜리 미식축구 경기장으로 옮겨야 하는 소동이 벌어졌을 때, 윈프리는 이런 말을 했다.

"루터 킹 목사는 꿈이 있다고 말했지만 우리는 오바마를 통해 꿈을 현실로 만들 수 있습니다."

윈프리 역시 다른 많은 대중들처럼 새로운 미국에 대한 꿈을 오바마에게서 발견했던 것이다. 그리고 그 사람이 다른 누구도 아닌, 오프라 윈프리였다. 대중적 지지를 등에 업은 그녀를 지원군으로 둔 오바마로서는 천군만마를 얻은 셈이었다.

TV의 퍼스트레이디

윈프리가 2011년까지 진행 했던 토크쇼 '오프라 윈프리 쇼'의 위력은 우리가 생각하는 것 이상이었다. TV에서 그녀의 말, 동작, 몸짓 하나하나가 대중에게 영향을 미쳤다. 오프라 윈프리가 입고 나오는 의상은 그대로 유행이 되었고, 그녀가 읽었다고 소개하는 책들은 바로 베스트셀러 반열에 올랐다. 그녀의 토크쇼에서 '오프라가 가장 좋아하는 것'을 선물하는 깜짝쇼는 기업들의 애간장을 태우기도 했다. 오프라가 고른 상품은 인기가 치솟기 때문이다.

한 번은 오프라가 좋아하는 상품으로 LG전자의 냉장고와 삼성전자의 캠코더가 방송되어 LG와 삼성의 홈페이지 접속이 폭주하는 사태가 벌어지기도 했다. 이러고 보니 '오프라 윈프리 효과'라는 말이 나오게 되었던 것이다.

또한 오프라 윈프리 쇼에 초대받지 않은 사람은 명사의 반열에 끼지 못한다는 말도 있었다. 그만큼 쟁쟁한 손님들이 출연한다는 얘기이며, 쟁쟁한 명사들이 앞 다투어 오프라 윈프리 쇼에 출연하려고 한다는 것은 그만큼 쇼의 영향력이 컸다는 뜻이다.

2000년 대선 당시 조지 부시는 앨 고어 후보에게 지지율 10퍼센트 포인트를 뒤지고 있는 상황이었다. 그 때 부시는 오프라 윈프리 쇼에 출연해 자신의 금주 결심, 딸에 대한 사랑 등 일상적이고 솔직한 모습을 보여주었다. 그리고 바로 다음 주 부시는 고어 후보에 뒤지던 지지율을 2퍼센트 포인트 앞설 수 있었다.

오프라 윈프리 쇼에 출연한 이후 버락 오바마의 지지도가 높아진 것은 물론이었다. 오바마의 저서 〈담대한 희망〉은 윈프리가 인정한 책으로 일약 베스트셀러가 되기도 했다. 쇼에 출연한 것은 대선 출마 전이었지만 윈프리는 이때부터 오바마를 "내 최고의 남자"라 부르며 지지하기 시작했다.

지지를 공식 선언한 뒤, 오프라 윈프리는 오바마를 위해 캘리포니아주 산타바바라에 위치한 자신의 집에서 대규모 선거기금 마련 행사를 주최할 만큼 열성적인 모습을 보였다. 이 행사에는 스티비 원더, 윌 스미스, 제이미 폭스, 할리 베리 등 1500명의 유명인이 참석했으며, 스티비 원더는 버락 오바마를 위해 특별 공연을 하기도 했다. 이날의 행사를 통해 모인 모금액은 자그마치 300만 달러에 이르렀다.

"내 돈이 어떤 변화를 가져오기보다는 오바마에 대한 나의 평가와 지지가 내가 주는 어떤 수표보다도 더 가치가 있을 것이다."

CNN의 래리 킹 라이브 쇼에 출연한 윈프리는 이렇게 표현했다. 시청자들, 대중에게 미치는 자신의 영향력이 얼마나 대단한가를 스스로 밝힌 셈이었다. 실제로 당시 윈프리는 자신의 쇼 시청자 840만 명과 웹사이트 접속자 230만 명, 200만 부씩 발행되는 윈프리의 잡지 구독자 42만 명에게 발송되는 뉴스레터, 긴급 이메일을 받아보는 가입자 36만 명이라는 막대한 자산을 가지고 있었다. 간접적이지만 이들이 모두 오바마에게 영향을 끼칠 수 있는 유권자들이었다.

디모인시의 컨벤션센터에서 윈프리는 오바마 의원의 부인 미셸로부터 "TV의 퍼스트레이디"라는 소개를 받고 무대에 올랐다. 그녀는 그 연설에서 "오바마 후보야말로 미국에 힘과 확신과 명예와 열정을 가져다 줄 수 있는 유일한 인물"이라고 말하기도 했다.

버락 오바마의 지지율을 높이는데 큰 역할을 한 일등공신이지만 오프라 윈프리는 이렇게 이야기했다.

"그는 미국에 신선한 희망의 기회를 제공하고 있다고 믿는다. 그래서 내가 그를 지지하는 일에 관여하고 있다. 하지만 다시는 내가 이런 일을 할 것 같지는 않다."

실제로 오바마가 대통령에 당선된 이후 오프라 윈프리는 버락 오바마 정부에서 일하지 않겠다는 의사를 확실히 밝혔다.

정치적 참여가 조심스러웠던 그녀가 이 정도로 적극적인 지지를 보였던 것은 내일의 정치에 대한 간절한 희망과, 오바마가 그것을 이룰 수 있다는 믿음 때문이었다. 오바마가 보여준 희망과 믿음은 '대단한 여인' 윈프리의 마음을 움직였다. 그리고 그에 대한 윈프리의 보답과 노력은 오바마의 대통령 초선은 물론 재선 때까지 계속되었다.

비록 오바마의 재선에는 깊이 발을 담그지 않은 오프라 윈프리이지만 NBC 방송을 통해서, "나는 이미 오바마 지지를 선언했고 100% 그를 지원하고 있기 때문에 지지 의사를 굳이 재확인할 필요가 없다고 생각한다."고 말했다. 오프라 윈프리는 오바마의 재선 캠프에는 앞장서지 않았지만, 대신 오바마 승리기금에 3만 5,800달러를, 오바마 선거본부에 1만 달러를 각각 기부하였다. 이는 오바마가 보여주는 희망에 윈프리가 여전히 기대를 걸고 있음을 증명해주었다.

검은 재클린의 힘

"오바마는 훌륭한 웅변가이고 사람들에게
영감을 불어 넣는 아주 뛰어난 사람이에요."
—오바마의 아내 미셸 오바마

삼국지에는 유비라는 유명한 인물이 나온다. 현명함과 덕을 갖춘
유비는 난세 속에 뛰어들어 전쟁과 모략 등 수많은 위기를 극복하여
새로운 나라를 건설하게 된다. 그러나 그의 성공은 혼자만의 힘으로
이루어진 것이 아니다. 유비에게는 그의 오른팔이었던 관우와 장비,
그리고 삼고초려를 통해 얻는 전략가인 제갈량이 있었다. 유비의 성
공은 이들의 용맹과 뛰어난 지략이 있었기에 가능한 일이었다.

이처럼 성공하는 리더 밑에는 훌륭한 참모가 있는 법이다. 특히
정해진 목표가 있을 경우, 좋은 참모는 목표의 성패를 좌우할 만큼
지대한 영향을 끼치기도 한다. 그들은 목표에 대한 세부적인 계획과

전략을 수립하는 핵심 브레인이다. 더불어 목표를 향해 길고 긴 여정을 함께 하는 든든한 동반자이기도 하다. 그래서 리더에게는 자신을 위해 열과 성을 다하고 아낌없는 성원을 보내는 주변 세력의 확보가 무엇보다 중요하다.

오바마 열풍의 일등 공신

첫 대선출마는 물론 재선을 준비하던 오바마에게도 그의 당선을 위해 발 벗고 나선 사람들이 모인 '오바마 캠프'가 있었다. 오바마 캠프에서 일하는 재능 있는 비서진과 참모들은 선거 전략과 공약을 구상하고 유권자들의 반응을 살펴보며 매일 달라지는 동향을 분석한다. 또한 선거자금을 모을 다양한 방법을 고민하고 연설 내용을 준비, 검토하며 심지어 오바마의 패션 스타일까지도 꼼꼼히 체크한다.

이와 같이 리더를 수행하는 참모는 어떤 조직에서나 찾아볼 수 있으며, 특히 정치인들에게 핵심 참모진이란 없어서는 안 될 사람들이다. 그래서 선거철이 되면 그들은 좋은 참모를 얻기 위해 혈안이 되기도 한다.

그런데 오바마에게는 조금 특별한 참모가 있다. 오바마의 든든한 지원자이자 아내인 미셸 오바마, 그녀가 바로 오바마의 핵심 참모이며 오바마 열풍의 숨은 주역이었다.

사실 미셸은 오바마의 정치 참여를 그다지 좋아하는 편이 아니었고, 처음 대선 출마를 선언했을 때도 반대를 했던 것으로 알려져 있다. 오바마의 대선 출마 조건으로 금연을 걸어 그 뜻을 관철시킨 아내로도 유명하다.

오바마가 처음 대선에 출마했을 때, 그녀는 유세장에 얼굴을 잘 내비치지 않았다. 하지만 선거가 중반에 이르고 오바마의 열기가 점점 높아지자 그녀는 2억 원에 달하는 연봉을 받는 직장을 포기하고 남편을 위해 팔을 걷어붙였다.

미셸은 오바마의 부인으로서 단순한 내조자의 역할에 그치지 않았다. 그녀는 단순히 '예비 퍼스트레이디'의 역할을 넘어서는 행보를 보이며 첫 대선에서 막강한 영향력을 발휘했다. 그리고 이 영향력은 재선까지 이어졌다.

그녀는 사실 남편 오바마를 능가하는 경력과 실력을 가지고 있다. 프린스턴대와 하버드 로스쿨을 졸업한 재원이며, 변호사와 사회 운동가로 활동하는 똑똑하고 진보적인 여성인 미셸은 흑인 사회에서 일종의 성공신화였다.

이러한 배경과 그녀 특유의 자신감을 가지고 남편의 당선을 위해 뛰던 미셸은 클린턴 전 대통령 선거 당시의 힐러리를 떠올리게 했다. 그리고 보면 미셸과 힐러리에게는 몇 가지 공통점이 있다.

두 사람 모두 아이비리그의 로스쿨을 졸업했으며, 유명 로펌에서 이름을 알린 변호사 출신이다. 게다가 남편이 정치인이라는 점, 가정에서는 아이를 키우는 어머니라는 점 등이 그렇다.

힐러리는 클린턴 전 대통령의 선거 당시 남편의 당선에 막강한 영향을 끼친 바 있다. 그래서 미셸의 오바마 대선 때의 활동상을 보면 일면 그 당시의 힐러리를 보는 듯했다.

힐러리가 첫 여성 대통령의 자리에 도전한 당시, 이전과는 반대로 클린턴 전 대통령이 그녀의 참모 역할을 수행했었다. 하지만 전 대통령이라는 타이틀을 가진 남편의 지원에도 불구하고 힐러리는 대선후보 경선에서 패하고 말았다.

이에 반해 미셸 오바마는 남편의 지지율을 높이는 일등 공신 역할을 하며, 힐러리와의 경선에서 승리하고 존 매케인과 경합을 벌인 대선에서 오바마가 선출되는 데 큰 기여를 했다. 메모된 원고 한 장 없이 흡인력 있는 연설을 하는 것으로도 유명한 미셸의 소탈하고 거침없는 입담은 수많은 사람들의 마음을 사로잡았다. 연설을 할 때에는 부동층의 마음을 흔들어 '더 가깝게 다가가는 이'라는 별명을 얻기도 했다.

이런 현상에 대해 〈뉴욕타임스〉는 미셸이 지닌 지성과 솔직함, 강인함과 유머 감각이 오바마의 인기몰이에 큰 도움이 된다고 분석하기도 했다.

남편의 든든한 지주

미셸은 오바마가 흑인들의 전폭적인 지지를 얻는데 큰 역할을 했다. 처음에는 오바마의 중심 지지층이 되어야 할 많은 흑인들이 오바마가 백인의 피가 섞인 혼혈이라는 점과, 미국 주류 사회에 편입한 성공한 지식인이라는 점에서 반감을 가지고 있었다.

이 때 미셸은 흔들리는 유권자들의 마음을 사로잡았다. 유명 대학을 나온 변호사인 그녀 역시 미국 주류이기는 마찬가지이지만 오바마와 달리 전형적인 흑인 노동자 가정에서 태어난 100퍼센트 흑인 혈통이라는 것과, 가난하고 차별받는 흑인으로서 살아온 성장과정은 흑인들의 마음을 돌리기에 충분했다.

오바마가 사우스캐롤라이나 주의 선거에서 흑인 유권자의 80퍼센트 이상의 지지를 획득해 승리를 거둘 수 있었던 것도, 그의 뒤에 흑인들의 마음을 사로잡는 미셸이 있었기 때문이었다.

사람들이 미셸에게 열광하는 이유는 오바마의 미덕이기도 한 솔직함에 있다. 그녀의 연설은 신랄하고 풍자적이며 유쾌하다.

"오바마는 잘 때 코를 골고 발 냄새를 풍겨 우리 딸들이 아빠 침대에 들어가기 싫어해요. 양말을 아무데나 벗어놓기도 해요. 또 빵에 버터를 제대로 바를 줄도 모르고, 냉장고 안에 넣지 않아 녹아버릴 때도 있죠."

이처럼 지나치게 솔직한 미셸의 발언에 대해 당황한 일부 유권자들은 남편의 이미지를 깎아내린다면 편잔을 주기도 했다. 하지만 미셸의 행보는 실보다 득이 많은 편이었다. 그녀는 사람들이 가진 '메시아 콤플렉스'를 깨고 오바마의 인간적이고 평범한 모습을 부각시키기 위해 노력했다. CNN의 〈래리 킹 라이브〉쇼에 출연했을 때는 남편의 이미지를 상승시키는 데 효과적인 발언을 하기도 했다.

"오바마는 훌륭한 웅변가이고 사람들에게 영감을 불어넣는 아주 뛰어난 사람이에요. 하지만 그는 동시에 학부모-교사 컨퍼런스(PTC)에 빠지지 않고, 할로윈데이 때면 딸들과 함께 트릭 오어 트리트(trick or treat)를 해주며, 결혼기념일에 나와 함께 데이트를 즐기는 좋은 남자이고 이것이 내가 보는 그의 본질입니다."

미셸로 인해 가족을 중시하는 미국 여성들의 지지율도 높아졌다. 아이들을 키우며 일하는 수많은 다른 어머니들처럼 미셸도 보모 없이 두 딸을 키우는 어머니이다. 특히 둘째 딸이 태어난 후 젖먹이를 안고 시카고 대학병원을 찾아가 당당히 일자리를 따낸 이야기는 그녀의 투철한 직업의식과 강인함을 보여주며 인기를 얻게 했다.

미셸은 선거참모로서 남편의 이미지를 높이기 위한 보조적 발언에만 그치지 않았다. 오바마의 부인이라는 위치를 넘어서 미국 사회에 대해 직설적이고 냉소적인 연설을 펼치며 사람들을 감탄케 했다. 교육문제부터 이라크 전쟁에 이르기까지 그녀는 원고 한 장 없이 40여 분간 연설을 펼치기도 했다. 단, 남편의 지원자로서 오바마가 제시하는 비전에 어긋나는 연설을 하지 않은 것은 물론이다.

"피부색이나 성별에 상관없이 우리는 미국에 살아가고 있다는 것을 알아야 합니다."

그녀 역시 통합의 가치를 내세우며 인종 차별 문제나 성 차별의 문제는 되도록 꺼내지 않으려고 노력했다. 민감한 사안인 만큼 어느 한 편을 자극하게 될 수도 있기 때문이었다.

대통령의 인기를 능가하는 영부인

버락 오바마의 재선을 두 달 남겨둔 2012년 9월 4일, 노스캐롤라이나 주에서 열린 민주당 전당대회 첫날에 마지막 연사로 미셸 오바마 여사가 등단했다. 그리고 공화당 전당대회에서 앤 롬니 여사가 큰 몫을 했다는 평가에 일대 반격을 시작했다.

미셸 오바마는 그 날을 위해 한 달 전부터 직접 연설문을 쓰고 준비했다. 그만큼 그녀의 진정성이 담긴 연설이기도 했다. 그 자리에서 미셸은 상대방 후보 미트 롬니의 이름을 처음으로 거론했다.

"저도 남편 오바마도 롬니 부부와는 전혀 다른 길을 걸어왔습니다. '아메리칸 드림' 하나로 여기까지 왔습니다. 가족의 건강이 나쁘거나 학비가 모자랄 때도 결코 절망하지 않았습니다. 오바마 대통령이

학자금 이자를 낮춘 것이나 건보개혁을 추진한 것은 전혀 정치적 이득을 노린 것이 아닙니다. 오늘의 일하는 미국인들이 겪는 고통을 너무도 잘 알기에 그것을 체험한 사람이 앞장서 일한 것뿐입니다. 저의 아버지는 시카고 수도국에서 말단 기술자로 평생 일하셨습니다. 오바마는 싱글맘의 아들로, 외가 조부모의 손에 자랐습니다. 우리는 누구보다 미국인의 삶을 잘 알고 무엇이 필요한가도 숙지하고 있습니다. 백악관에 들어간 이후 실제로 달라진 것이 별로 없습니다. 자리에 따라 사람이 달라진다면 그 사람은 훌륭한 사람도 아니고 누가 그를 믿겠습니까? 오바마는 수많은 사람의 조언을 받습니다. 그러나 마지막엔 고독한 결단을 내립니다. 그런 뒤에도 그의 일은 끝나지 않습니다. 두 딸의 아버지로서 엄마인 나를 도와야 합니다."

그리고 미셸 오바마는 "성공은 당신이 얼마나 많은 돈을 버냐에 있는 것이 아니라, 다른 사람의 삶에 어떠한 변화를 일으킬 수 있느냐에 있는 것이다"라며 오바마 대통령은 그런 가치를 추구하는 사람이라고 덧붙였다. "대통령은 그 자리에 앉은 사람을 변화시키는 것이 아니라, 그 사람의 본질을 드러내는 자리입니다."라며 오바마를 한 번 더 지지해달라는 호소도 잊지 않았다.

그녀의 연설을 들은 후 한 미국 트위터러는 "오바마 캠프는 새로운 구호로 '미셸 오바마의 남편, 버락 오바마'를 만들어야 할 것이다"라고 말했을 정도로 미셸의 연설은 트위터러들의 뜨거운 반응을 불러

일으켰다. 그리고 #미셸오바마(#MichelleObama)라는 '트위터 트랜딩 토픽(실시간 인기 트윗)'이 생길만큼 많은 미국인 유권자와 SNS 이용자에게 깊은 인상을 남겼다.

또한 〈오바마 부부(Obamas)〉의 저자이기도 한 조디 칸토는 "이번 연설은 미셸 오바마의 지난 8년 정치 역사의 클라이맥스이자, 그녀를 '주저하던 영부인'에서 '대선의 파워하우스'로 변하게 만드는 계기였다"며 찬사를 아끼지 않았다.

미셸의 인기는 남편보다 항상 20%는 높다. 남편의 오늘 지지도가 46%라면 미셸 오바마는 초당적으로 66%의 지지를 얻는 것이다. 잘난 척 하지 않고 항상 부지런한 '두 딸의 엄마'로 부각되어있는 미셸은 평범한 주부임과 동시에 하버드 로스쿨 출신 변호사의 지적 아름다움을 겸비하여 미국인들을 매료시키고 있다.

검은 재클린 미셸

또 한 가지 재미있는 사실은 오바마가 '검은 케네디'라고 불리는 것처럼 미셸 역시 '검은 재클린'으로 불린다는 것이다. 그것은 미셸이 오바마의 부인이기 때문이 아니라 그녀가 고수하는 스타일 때문이다.

미국 언론들은 오바마의 첫 대선 당시 미셸의 스타일을 분석하며 재클린과 흡사하다는 평가를 내렸다. 케네디의 아내이자 패션감각이 뛰어났던 재클린은 1960년대에 '재키 스타일'이라는 말을 만든 바 있다. 재키 스타일이란 앞머리를 웨이브로 넘기고 뒷머리는 볼륨을 넣은 부풀린 머리, 진주 목걸이, 고급스러우면서도 단정한 정장 차림을 뜻한다.

미셸은 수많은 연설장에서 이같은 재키 스타일을 연출했다. 머리 스타일에서부터 진주목걸이, 민소매나 하운드투스 체크(흰색과 검은색의 격자무늬) 옷차림을 보면 정말 재클린의 스타일과 닮아 있다는 생각을 하게 된다.

영부인이 된 후에도 미셸은 고가의 명품만 고집하지 않고 중저가 브랜드의 옷을 자주 입으며 서민들에게 친근한 느낌을 주었다. 오바마 역시 마찬가지이다. 패션 전문가들은, "누구나 접근하기 쉬운 제이크루와 같은 중저가 브랜드를 즐겨 입는 이들 부부에게 대중들의 호응도 높다"고 말하고 있다.

이처럼 미셸은 검은 재클린이라 불릴 만큼 뛰어난 패션 감각을 지녔으면서도 서민적인 감성을 잊지 않으며, 자신의 개성을 잘 살린 스타일로 '다이애너 왕세자비를 잇는 패셔니스트의 탄생'이라는 극찬을 받고 있다.

이제 정치에서 배우자의 역할은 단순한 보조자가 아닌 동등한 동반자가 되고 있다. 그런 의미에서 검은 케네디와 검은 재클린이라는 이미지의 조합은 매우 유리하게 작용했다. 미셸의 '검은 재클린' 효과는 그녀가 퍼스트레이디로서 손색이 없다는 인상을 주었으며, 이것은 동시에 오바마의 이미지를 긍정적으로 만드는 점이기도 했다.

미셸은 오바마의 대선 때마다 선거 캠프의 크고 작은 전략회의에 빠지지 않고 참석하며 남편의 선거에 없어서는 안 될 인물로서 활약했다. "아내는 나보다 똑똑하고, 강하며, 연설도 잘 한다"고 자랑하곤 하는 오바마의 말처럼, 미셸이 오바마 열풍의 주역으로서의 역할을 기대 이상으로 해내었음은 분명한 사실이다.

희망을 연설하는 사람

"우리는 각각 다르지만 전체는 하나입니다.
우리가 숨 쉬는 한 희망과 변화를 잊어서는 안 됩니다."

표면적으로 보자면 정치 신인이라 할 수 있는 버락 오바마가 대통령이 되었던 것은 기적이었고, 그 기적은 두 번째로 이어져 이제 오바마는 재선 대통령이 되었다.

그러나 오바마의 초기에는 인종적으로 열세일 수밖에 없는 흑인이었으며, 지명도는 물론 자금력이나 정치기반도 미미했다. 그런 그가 당시 유명인사, 할리우드 스타, 백인, 유색인종은 물론 경쟁당인 공화당 의원들의 마음까지 사로잡았던 것이다. 힐러리와 오바마의 대결에서 힐러리의 압승을 점쳤던 민주당 경선 초기의 예상을 뒤엎는 상황이었다.

이제 또 다시 전 세계가 버락 오바마의 행보에 집중하고 있다. 미국 사상 최초의 흑인 대통령 탄생에 이어, 그가 재선 대통령의 자리에 오른 것이다. 재임 시 경제적인 개혁에서 어려움을 겪은 그에게 미국인들은 또 한 번의 기회를 주었다. 이는 늘 서민들의 편에 서서 한층 높은 비전을 제시하는 오바마 대통령에 대한 국민의 믿음이 얼마나 두터운 지를 의미한다. 그리고 오바마의 뒤에는 지금의 그가 있기까지 든든한 후원군이 되어준 이들이 있었다.

작지만 큰 힘, 오바마 패밀리

첫 번 째 대선 시, 버락 오바마의 인기 요인에는 유명인사인 오프라 윈프리와 같은 강력한 지지 세력들이 큰 힘이 되어 주었다. 그리고 힘이 없는 개개인이라도, 모이면 큰 수가 되는 일반 지지 세력들 역시 무시할 수 없었다. 이들 지지 세력들의 탁월한 결집력으로 표심을 사로잡아 단기간에 높은 지지율을 확보할 수 있었던 것이다. 당시 오바마 신드롬을 낳게 한 이들 지지 세력들을 가리켜 오바마 마니아(Obama Mania), 오바마 패밀리(Obama Family)라고 불렀다. 그리고 더불어 오바마 네트워크(Obama Network)이라는 용어도 오바마를 통해 나온 신조어이다.

＊ **오바마 마니아**(Obama Mania)

– 버락 오바마에 열광하는 극렬 지지세력 전체를 뜻함.

＊ **오바마 네트워크**(Obama Network)

– 온라인을 통해 결집된 오바마 지지 세력들의 소셜 네트워킹

  을 뜻함.

＊ **오바마 칸**(Obama Republican)

– 오바마를 지지하는 공화당원들을 뜻함.

오바마 마니아들은 자원봉사자를 자청하며 오바마 연설 장소를 어디든 따라다니며 연설장의 분위기를 돋우는 역할을 했다. 이들은 대부분 젊은이들이며 이들 덕분에 오바마의 연설장은 언제나 대형 스타의 콘서트장을 방불케 할 만큼 열기로 가득했다. 오바마의 경우 젊은이들의 지지가 많았는데, 당시 CNN이 조사한 결과에 따르면 민주당을 지지하는 10~30대의 80퍼센트 이상이 오바마 지지자였다고 한다.

오프라인에 이 같은 오바마 마니아가 있었다면 온라인에는 '오바마 패밀리'가 있었다. 시대가 변한 만큼 정치적 지지 형태도 다양해진 점을 반영하는 현상이었다. 오프라인과 마찬가지로 온라인 속의 선거공세에도 신경을 써야 하는 것은 이제 필수가 되었다. 오바마는 이 점을 놓치지 않고 자신의 메시지를 온라인을 통해 끊임없이 전달

하기 시작했다. 처음에는 그 움직임이 아주 작았지만 어느 순간 '오바마 패밀리'의 위력은 상상 이상의 효과를 낳기 시작했다.

오바마를 지지하는 온라인 커뮤니티들이 수없이 만들어지며 또한 이들이 서로 연계되어 오바마 네트워크를 만들었다. 온라인에서 활동하는 오바마 패밀리들은 자신의 블로그나 다양한 사이트를 넘나들며 화제를 만들고 토론을 벌여나갔다.

2008년 1월의 모금운동을 통해서는 약 2백70만 명의 지지자들로부터 약 3200만 달러가 모금되었다. 그런데 그 중 2600만 달러는 온라인을 통한 기부였으며 이것은 미국 선거사상 최대 규모였다. 5달러나 10달러 정도의 소액 기부가 쌓여 2600만 달러가 되었다는 것, 그것은 거액을 기부하는 몇 사람의 지지자보다 값어치 있는 성과였다. 오프라인 선거전에서 볼 때 소액 기부자 한 사람 한 사람이 모두 오바마에 대한 표심을 안고 있다고 볼 수 있었기 때문이다.

여기에 더해 오바마 칸의 역할도 큰 몫을 했다. 오바마 칸이란 부시 대통령과 주변 세력들에 실망해 오바마를 지지하게 된 공화당원들을 말한다. 상원에서 가장 보수적인 공화당원 중의 한 사람인 톰 코번마저도 이렇게 말을 했을 정도였다.

"버락은 민주당의 지도자가 아니라, 미국의 지도자가 될 능력과 활력, 카리스마를 가졌다고 생각한다."

견제당인 공화당원들의 오바마 지지는 국민들의 관심을 오바마에게 더욱 쏠리게 하는 기폭제가 되었다.

게다가 이라크전쟁에 반대하는 오바마의 의견은 70년대 반전운동에 참가했던 베이비붐 세대, 즉 고학력층의 50대 백인층들까지도 포섭하였다.

그리하여 오바마는 흑인뿐만 아니라 여성, 이민자, 공화당원 등 국민 전체를 아우르는 지지층을 가지게 되었다. 버락 오바마의 당시 인기가 어디에서 비롯된 것이며, 정치에 무관심했던 사람들까지 끌어당긴 힘은 과연 무엇이었는지, 미국을 뒤흔들었던 오바마 열풍은 우리에게도 흥미로운 현상이 아닐 수 없다.

희망과 미래

"정책의 우선순위를 조금만 바꿔도 우리 아이들이 품격 있는 삶을 살아갈 수 있고, 모든 사람에게 새로운 기회가 주어질 수 있다는 것을 뼛속 깊이 본능적으로 알고 있습니다. 선택만 제대로 한다면, 우리는 분명히 더 잘해 나갈 수 있습니다."

그 유명한 민주당 전당대회 연설은 오바마 신드롬의 시작이었다. 한 문장 한 문장이 감동적이었으며 이슈가 되었다. 특히 decent Life, '품격 있는 삶'이란 말은 사람들의 가슴 속을 깊이 파고들었다.

계속되는 전쟁과 경기 침체 속에 무기력해진 사람들에게 "품격 있는 삶을 살아갈 수 있다"는 오바마의 말은 가슴 뛰는 설렘과 같았을 것이었다.

오바마는 2008년 1월 19일 사우스캐롤라이나 예비선거에서 승리한 후 이렇게 외쳤다.

"오늘의 선거는 부자 대 가난한 자, 젊은이 대 나이든 이, 흑인 대 백인 간 대결이 아닙니다. 과거 대 미래의 대결이었습니다. 우리는 각각 다르지만 전체는 하나입니다. 우리가 숨 쉬는 한 희망과 변화를 잊어서는 안 됩니다."

과거를 계승하는 것이 모두 나쁜 것만은 아니다. 그러나 이제까지의 정치풍토에 대다수의 국민들이 회의를 느끼고 무기력했다면 과거를 딛고 새로운 미래를 창출하는 것이 필요하다. 오바마 마니아, 오바마 패밀리, 오바마 칸 등 오바마를 지지하는 그 모두가 바라는 것은 결국 '새로운 미국'이었다. 버락 오바마는 이 새로운 미국을 만들어 갈 '희망'의 모습으로 미국 국민들의 불씨를 당겼다. 이것이 바로 사람들이 오바마에게 열광했던 이유였으며 오바마, 그가 현재 다시 미국인들의 희망으로 우뚝 서게 된 이유이다.

Part 02

혼혈아에서
미국 대통령까지

OBAMA

하와이에서 태어난
혼혈 미국인

"당시 나는 어머니의 인종을 밝히는 게
어쩐지 백인에게 아부하는 것처럼 보였다."

　오바마가 처음 대선 후보로 거론되면서부터 흑인의 정통성에 대
해 말이 많았다. 의외로 그를 무조건 지지할 것 같은 흑인들이 더욱
그랬다. 이유인즉슨, 그가 순수 흑인이 아니라는 것이었다. 그 점 때
문에 흑인 유권자들은 오바마를 가리켜 '피부색이 검은 백인'이라며
비아냥거리기도 했다. 백인처럼 구는 흑인이라는 것이었다.

　그러나 정작 오바마 자신은 순수 흑인혈통이라고 말한 적도 없고,
순수냐 아니냐 하는 점을 중요하게 생각하지도 않는다. 또한 흑인임
을 내세워 여론을 조성하려고 하지도 않았다. 오히려 그는 많은 대중
연설에서 자신이 케냐 출신 흑인 아버지와 미국인인 백인 어머니 사

이에서 태어난 혼혈아임을 전혀 숨기지 않았다.

검은 아버지, 하얀 어머니

버락 오바마의 태생적 배경은 매우 흥미롭다. 첫 대선 후보로 나섰던 당시부터, 그의 자전적 이야기는 하나의 소설이나 영화처럼 취급되기도 했다. 우리가 보기에도 오바마는 특이한 삶의 궤적을 지닌 사람이다.

그는 1961년 8월 4일, 하와이에서 태어났다. 아버지는 흑인, 어머니는 백인이었다. 다양한 이민자들과 인종이 섞인 미국사회처럼, 오바마는 출생에서부터 미국적 특성을 갖고 있었다. 그리고 자신의 이야기는 이후 연설에서 자주 사용되는 소재가 되었다.

버락 오바마의 아버지는 케냐의 루오족 출신이었다. 그는 케냐에서 염소를 치며 학교를 다녔고 뛰어난 재능 덕분에 장학금을 받으며 케냐의 수도 나이로비로 유학을 갈 수 있었다. 그러다가 케냐가 독립하기 전날, 케냐의 지도자들과 함께 미국의 후원자들에게 선발되어 미국 대학교에 다닐 수 있는 기회가 주어졌다. 오바마의 아버지는 서구의 기술을 배워 현대 아프리카 건설에 기여하게 한다는 프로그램에 따라 외국에 파견된 아프리카인 1세대였던 셈이다.

그는 스물세 살에 하와이 대학교 역사상 첫 아프리카 학생으로 입학했고 경제학과 시창작을 배우며 학교를 다녔다. 그러다가 러시아어 강좌를 듣던 열여덟 살의 미국인 소녀 앤과 사랑에 빠져 결혼에 이르게 된다. 그리고 그 두 사람 사이에서 자신의 이름을 물려주게 될 버락 오바마가 태어나게 되었다.

다양한 인종이 모여 결합한 신대륙, 미국의 인종 포용력은 아시아권에서 살고 있는 우리보다는 그나마 나을지도 모른다. 그러나 시간을 거슬러 올라가 보자. 흑인을 노예로 사고팔던 시절, 백인과 흑인의 갈등은 우리가 알고 있는 것 이상이었다.

지금이야 다른 인종 간의 결혼이 그나마 자연스러운 일이 되었지만 오바마의 부모가 결혼했던 1960년 당시에는 미국 전체 주 가운데 절반이 흑인과 백인의 결혼을 중죄로 규정하고 있던 때였다. 오바마는 그의 회고록에서 이렇게 말한다.

"남부에서였더라면 아버지는 단지 어머니를 야릇한 눈으로 쳐다보았다는 이유만으로 충분히 나무에 목이 매달릴 수 있었다. 가장 세련된 북부지역 도시에서도 적대적인 시선이나 수군거림 때문에 어머니처럼 곤경에 처한 여자들은 뒷골목을 찾아 낙태를 해야 했을 것이다."

이런 역사적 배경 속에서도 오바마의 부모가 결혼에 이를 수 있었던 것은 그들이 하와이에 살고 있었기 때문이었다. 미연방에 새로 편입된 하와이는 역사가 얼마 되지 않아 인종에 대해 상대적으로 관용적이었다.

또한 어머니 앤의 부모, 즉 오바마의 외조부모들이 인종차별주의 자가 아니었다는 점도 그들의 결혼에 중요한 영향을 끼쳤다. 그 시대에 흑인 남자와 결혼하겠다는 딸을 무조건 찬성할 수는 없어도 '왜 인종을 차별하는지 도무지 이해할 수 없었던' 두 사람은 결국 두 사람의 결혼을 받아들였다.

그랬기 때문에 오바마는 '아버지는 숯처럼 새까맣고 어머니는 우유처럼 새하얗다는 사실'이 어린 시절에는 조금도 아프거나 불편하게 느껴지지 않았다. 다른 흑인 혼혈아들의 경우에는 어릴 때부터 차별과 냉대에 길들여져야 했지만 그는 그렇지 않았다.

게다가 어머니는 그에게 항상 흑인의 장점과 우수성을 강조하며 그를 길렀다. 그가 어머니에게서 듣고 자란 바로는 '흑인 남자는 모두 최초의 흑인 판사 서굿 마셜이었고, 흑인 여자는 모두 민권운동 지도자 페니 루 해머나 흑인 여배우 레나 혼'이었다. 어머니는 세상의 흑인에 대한 차별로부터 아들을 철저히 차단하고자 했던 것이다. 그랬기 때문에 오바마의 어린 시절은 자신감과 희망으로 가득했다.

오바마의 어머니는 매우 강인한 사람이었다. 오바마가 두 살 때 남편이 떠나고 혼자가 된 뒤에도 아들이 자신감을 갖고 성장할 수 있도록 교육에 최선을 다했다. 그녀의 가르침은 이후 오바마의 삶과 정치의 길잡이가 될 만큼 어머니의 영향력은 매우 컸다.

그리고 아버지와 헤어진 뒤로 함께 지냈던 백인 외조부모 역시 '까

많고 예쁜' 손자를 몹시 아끼고 사랑했다. 그의 할아버지 던햄은 낙천적인 자유주의자였고, 오바마의 피부색에 대해 난색을 표하는 사람들을 경멸하며 손자의 굳건한 울타리가 되어주었다.

두 개의 전혀 다른 세계

그 사이 어머니는 인도네시아 새아버지 롤로와 재혼을 했고 여동생 마야도 태어났다. 그리고 학교를 다녔고 친구들을 사귀었다. 그러면서 어릴 때는 미처 느끼지 못했던 자신의 '다름'에 대한 고민이 싹트기 시작했다. 어머니와 할아버지, 할머니라는 울타리 속에서는 전혀 알 수 없었던 일이었다.

버락 오바마가 인종차별에 대해 어렴풋이나마 인식하게 된 건 우연히 보게 된 보도 사진에서 비롯되었다. 어머니가 인도네시아 새아버지와 재혼한 후, 함께 인도네시아에서 살게 되었을 때였다. 그곳에 건너가 어머니는 대사관에서 영어를 가르치는 일을 했고 오바마는 종종 그곳에 동행했다. 어머니가 일을 할 동안 도서관에서 책을 보며 시간을 보냈던 오바마는 그곳에서 〈라이프〉 잡지를 통해 보도 사진 보기를 좋아했다.

보도 사진을 볼 때는 우선 사진의 설명을 일부러 읽지 않았다. 그리고 내용이 어떤 것인지 혼자 알아맞히는 놀이를 했고, 대개는 잘 맞았다.

예를 들어 프랑스 아이들이 자갈길을 달려가는 사진. 이것은 행복한 사진이다. 또 다른 사진에서는 일본 여자가 어린 여자아이를 발가벗겨 목욕을 시키고 있다. 이것은 슬픈 사진이다. 여자아이는 병에 걸려 다리가 뒤틀려 있고 어머니의 얼굴은 슬픔에 젖어 있다는 식이다. 오바마는 이런 방법으로 사진을 보며 혼자 상상의 나래를 펼치곤 했다.

그러다가 보게 된 것이 '검은 안경을 끼고 레인코트를 입은 남자가 텅 빈 거리를 걸어가는 모습'의 사진이었다. 손은 피가 다 빠져나간 것처럼 창백했고 남자의 입술과 코 등이 어쩐지 균형에 맞지 않는다는 생각이 들었다. 오바마는 그 사진을 보며 '이 사람은 심각한 병을 앓고 있는 사람일 거야'라고 생각했다. 아니면 알비노 환자일 거라고. 그러나 사진의 설명은 전혀 달랐다.

"피부색을 하얗게 만들려고 화학 수술을 받은 사람이었다. 그 수술에 전 재산을 쏟아 부었다고 했다. 남자는 백인처럼 보이려고 했던 것을 후회했다. 하지만 아무리 후회해도 되돌릴 수 없는 현실이 너무 슬프다고 했다. 피부색이 희면 행복이 보장된다는 광고를 믿고 그런 수술을 받은 사람이 미국에서 남녀를 합쳐 수천 명이나 되었다."

엄청난 충격이었다. 그의 표현에 의하면 '새로 발견한 이 무서움을 도무지 입 밖으로 낼 수 없을' 정도였다.

아홉 살 소년이 감당하기에는 정말 어려운 문제였다. 어린 오바마에게는 아마도 여러 가지 생각이 오갔을 것이다. 왜? 왜 백인처럼 보이려고 할까? 피부색이 희면 행복한 걸까? 까만 피부를 왜 싫어할까? 등등……. 그때까지 하와이와 인도네시아에서 살며 특별한 차별을 받아본 적이 없었던 오바마였기에 그 의문은 더욱 깊어졌을 것이다.

청소년기가 되면서 차별에 대한 부딪힘은 일상으로 다가왔다. 상대가 일부러 차별을 하는 행동이 아니라도 민감한 나이의 그에게 피해의식이란 형태는 먼저 다가오기도 했다. 한창 사춘기의 그에게, 백인들 사이에서 보기 드문 '깜둥이'라는 사실은 수많은 혼란을 안겨주었던 것이다. 자신이 생각하기에 그는 흑인도 백인도 아니었다.

"당시 나는 어머니의 인종을 밝히는 게 어쩐지 백인에게 아부하는 것처럼 보였다."

하얀 어머니, 하얀 외조부는 더 큰 혼란만 줄 뿐이었다. 그 때문에 사회에서 보고 듣고 겪는 차별은 거친 행동으로 드러날 때가 많았다.

어떤 경우 그에게 '쿤(흑인을 부르는 경멸적인 호칭)'이라고 부른 친구의 코에 주먹을 날리기도 했고 백인 친구들이 무심코 내뱉는 인종적 차별이 담긴 농담에 민감하게 반응하기도 했다.

할아버지 집에 살 때 무심코 어떤 할머니 뒤를 따라서 아파트 엘리베이터를 탄 적이 있다. 그런데 이 할머니가 짜증을 내며 경비원에게 달려가서는 내가 해코지를 할 마음으로 자기 뒤를 밟는다고 신고했다. 이 할머니는 내가 그 아파트에 사는 사람이란 사실을 확인하고서도 끝까지 나에게 사과하지 않겠다고 버텼다.

뉴욕 출신의 우리 학교 농구부 코치는 즉석에서 팀을 만든 수다스러운 흑인들을 상대로 한 경기가 끝난 뒤에, 나를 비롯한 농구부원 세 명이 그가 하는 말을 들을 수 있을 만큼 가까운 거리에서 깜둥이들한테 그렇게 많은 점수를 내줬다는 건 수치스러운 일이라고 말했다.

"이 세상에는 흑인이 있고 깜둥이가 있는데, 저 친구들은 깜둥이야."

그의 표현대로 하자면 당시의 오바마는 하와이의 '죽이게 좋은 할렘'에 살고 있는 셈이었지만 그래도 사람들의 인식 속에 뿌리깊이 박혀있는 인종차별의 벽은 너무도 높았다. 흑인 혼혈로서 겪는 혼란은 분노와 반항으로 표출되었다. 술과 담배에 빠져 살기도 했고 심지어 마약에까지 손을 대기도 했다. 수없이 반복되는 정체성에 대한 고민에서 잠시나마 벗어나고 싶다는 절박한 마음 때문이었다.

마약 복용은 나중에 오바마가 정치에 입문하게 된 후 큰 걸림돌이 되는 문제로 다가왔다. 하지만 그는 그 문제에 대해 입을 다물거나 부정하는 대신 단지 과거의 실수였음을 솔직하게 시인했고 그의 솔직함은 오히려 지지를 받았다.

혼란 속에서 그는 자신을 둘러싼 세상과 화해를 하려고 온갖 시도를 했다. 수많은 책—제임스 볼드윈(미국사회심리학자), 랄프 엘리슨(미국흑인문학작가), 랭스턴 휴스(미국흑인문학작가), 리처드 라이트(미국흑인소설가), W.E.B. 두보이스(미국흑인운동가) 등—을 탐독하며 해답을 찾기 위해 고심했다.

그중에서도 가장 와 닿았던 위인은 말콤 엑스였다. 다른 사람들은 고뇌와 의문, 자기 비하에 그쳤으나, 말콤 엑스에게서는 '희망'이 느껴졌기 때문이었다. 그는 말콤 엑스에 대해 이렇게 느꼈다고 이야기한다.

"자기 창조에 대한 그의 반복된 행동이 나에게 말해 주었다. 솔직한 그의 말, 존경에 대한 그의 꾸밈없는 주장이 새롭고 타협하지 않는 질서를 약속했다."

이들은 이후에도 계속 버락 오바마에게 영감을 주고 자신을 지탱하는 버팀목이 되어 준다. '희망'이란 코드는 현재 재선 대통령이 된 오바마가 설파하는 비전으로 빛을 발하고 있기도 하다.

차별에 대한 분노에 휩싸일 때면 마음씨 좋은 백인 노인들인 외할아버지, 외할머니와 착한 어머니를 떠올렸다. 분노에 차서 자신과 같은 존재를 차별하는 불특정 다수의 사람들을 향해 '백인 녀석들'이라고 욕을 해봤자 결국 자신이 사랑하는 가족 역시 백인이었다.

인종 차별, 그리고 정체성의 혼란으로 힘겨웠던 청소년기를 보냈지만 오바마는 무사히 고등학교를 졸업하고 로스엔젤리스에 위치한 옥시덴탈 칼리지에 입학하게 된다. 그러나 고등학교 시절의 혼란을 완전히 벗어난 것은 아니었다.

생애 첫 연설

오바마는 도심의 빈민가 출신이 아니었다. 흑인들 중에서는 나름대로 좋은 환경에서 자란 셈이었다. 그렇다고 해서 그가 흑인이라는 사실이 달라지는 것은 아니었다.

그러다가 그는 투자 철회 운동(미국의 진보주의자와 학생들이 남아프리카 공화국의 인종 차별에 항의해서 미국 기업들이 남아공에서 철수하도록 압력을 가했던 운동)에 관여하게 되었다.

그리고 대학의 이사회 모임에 압력을 넣는 집회에서 오바마는 집회를 시작하는 첫 연설을 맡게 되었다. 처음 운동에 참여할 때는 그다지 의미를 두지 않았지만 그는 갈수록 그 안에서 자신의 역할을 찾아가기 시작했다.

"정말 정확하고 옳은 말을 할 수 있다면 얼마나 좋을까. 그러면 모든 것을 바꿀 수 있다는 생각이 들었다. 남아프리카공화국, 빈민가의 헐벗은 어린아이들, 그리고 이 세상의 보잘것없는 내 자리까지도 모두……"

이런 생각을 하며 연단에 올라간 그는 '누군가 투쟁하고 있습니다'라는 말로 연설을 하기 시작했다.

"이 투쟁은 바다 건너에서 일어나고 있습니다. 하지만 여기 있는 우리 모두, 모든 사람의 투쟁이기도 합니다. 그 투쟁을 우리가 알든 모르든, 우리가 원하든 원하지 않든 말입니다. 이 투쟁은 우리에게 누구 편을 들 것인지 선택하라고 요구합니다. 우리가 선택해야 할 것은 흑인 편이냐 백인 편이냐가 아닙니다. 부자의 편이냐 가난한 사람의 편이냐가 아닙니다. 이런 게 아닙니다. 훨씬 더 어려운 선택입니다. 존엄성이냐 굴종이냐 하는 것입니다. 정의냐 불의냐입니다. 실천할 것인가 외면할 것인가! 옳은 편에 설 것인가, 아니면 부당한 편에 설 것인가!"

오바마의 1분짜리 연설의 반응은 매우 좋았다. 관중은 많지 않았지만 그는 열변을 토했고 연설에는 듣는 이의 가슴을 울리는 그 무언가가 있었다. 그날의 연설은 이후에 수많은 사람들의 가슴을 적시게 될, 목소리의 서막이었던 셈이다.

그날을 계기로 오바마는 크게 깨달은 바가 있었다. 그는 자신의 상처에만 골몰했던 스스로가 얼마나 어리석었는가를 알았다. 또한 자신의 힘으로 무언가 변화시킬 수 있으리라는 희망의 불씨도 발견했다.

차별을 받는다고 해서 무분별하고 꼴사납거나 게으르게 행동하는 것이 용납되는 것은 아니었다. 결단, 스스로의 벽을 부수는 결단이 필요했다.

변화를 만드는 첫걸음

"돈을 버는 것은 잘못된 일은 아닙니다.
하지만 돈을 버는 데만 삶을 집중시키는 것은
야망의 빈곤함을 보여주는 것입니다."

버락 오바마가 제시하는 비전 가운데 사람들이 가장 열광하는 것
은 '변화'라는 코드이다. 변화는 낡은 것을 벗어던지고 새로운 것을
향해 나아가기 위한 새로운 터닝 포인트이다.

그러나 오랜 습관을 한순간에 벗어던지기란 쉽지 않듯이, 새로운
모습으로 탈바꿈하기 위해 변화를 유도하는 일은 일정 정도의 용기
를 담보한다. 그렇기 때문에 변화를 촉구하고, 변화를 위해 첫 발을
떼는 것은 생각만큼 쉬운 일은 아니다. 게다가 변화를 위해 개인적인
욕심이나 편의를 희생해야 한다면, 그건 더욱 어려운 일이다.

그러나 오바마는 '변화'를 해야 하는 시기라면, 그것을 두려워하지

않는다. 사람들이 오바마에게 빠져들 수밖에 없는 이유는 바로 그것이다. 그들은 변화를 갈망하지만 그것이 쉬운 일이 아니라는 것을 알기에 쉽게 나서지 못한다. 그런 상황에서 오바마는 미국을 변화시키겠다고, 그 길을 함께 가자고 사람들을 이끌며 용기있는 리더의 모습을 보여주었다.

변화를 두려워하지 않는 정신, 그것은 오바마가 가진 미덕 중의 하나이다. 옥시덴탈 칼리지 시절의 오바마에게도 '새로운 오바마'를 만들기 위한 변화가 필요했다. 허물을 벗고 나비가 되기 위한 과정이었다.

방황했던 시기는 서서히 끝을 맺어가고 오바마는 새로운 고민을 시작하는 단계로 들어서게 된다. 나의 미래는 무엇인가, 내가 해야 할 일은 무엇인가라는 고민들은 그를 방황 속에서만 허우적거리도록 만들지 않았다.

오바마는 컬럼비아 대학교로 교환학생 신청을 했다. 방종에 빠져 있던 시간과 공간을 벗어나 정말 미국의 도시다운 도시의 심장부로 옮겨 '자신을 뭔가 쓸모 있는 인간으로 만들고 싶다'는 생각에서였다. 그곳에서 그는 못 다한 공부에 매진했다. 완전히 변한 그의 모습에 친구들도 혀를 내두르며 '재미없는 인간'이 되었다고 할 정도였다.

그는 매일 자신을 성찰하는 짧은 글과 시를 써 나갔다. 그러면서 구체적인 미래의 모습을 더듬어 보기 시작했다.

공부를 잠시 쉴 때면 도시 이곳저곳을 돌아다녔는데, 그때 오바마가 본 것은 이런 모습이었다.

"실직자와 버림받은 자들의 무리, 노숙자들이 피난처로 사용하는 쥐와 강도가 들끓는 주택, 마약 거래상들이 구걸하는, 눈부신 도시의 콧노래 밑에 숨겨진 것을 보았다."

그가 본 모습은 중산층이 붕괴하고 부자와 빈자 사이의 격차는 점점 더 벌어지는 세상이었다. 그러한 경제적 격차와 함께 인종적 격차 역시 사라지지 않는 심각한 현상이었다.

세상의 많은 차별과 격차에 대한 부당함은 더 이상 어린 오바마혼자만의 고민이 아닌, 해결해야 할 근본적인 문제의 모습으로 다가오게 된 것이다.

변화를 위해서

컬럼비아 대학교에서 3, 4학년을 마친 그는 융자받은 학자금을 갚기 위해 다국적 기업들을 대상으로 하는 컨설팅 회사에 취직했다. 그 회사에서 연구원으로 일하는 흑인은 오바마 뿐이었고 회사에서 그를 자랑거리로 여길 만큼 능력도 발휘했다. 얼마 지나지 않아 사무실과 개인 비서를 두고, 매우 높은 연봉을 받는 간부로 승진도 했다.

그러나 좋은 직장과 대우에도 불구하고 오바마는 공동체 조직가라는 어려운 길을 가기로 결심한다.

그런 결심을 하기까지에는 미래에 대한, 자신에 대한 부단한 고민이 한 몫을 했다. 해결할 수 없는 분노와 혼란 때문에 많은 시간들을 낭비했다면 이제는 무언가 쓸모 있는 일을 위해 자신의 야망을 펼쳐야겠다는 생각이었다.

어머니로부터 받은 영향도 컸다. 오바마의 어머니는 가난과 불의에 분노를 느끼고 그런 모습들에 무심한 사람들을 참지 못했다. 그녀는 돌아가시기 직전까지 세계를 여행하며 자신이 하고자 하는 일을 했다. 아시아와 아프리카의 여러 마을을 다니며 빈곤한 지역의 사람들에게 교육의 기회를 제공하려고 애썼으며 지위의 높고 낮음을 따지지 않고 많은 친구를 사귀었다.

게다가 어머니는 그 스스로 진보주의자임을 자랑스러워했고 특히 민권 운동을 높이 평가했다. 틈만 나면 민권 운동의 중요한 가치인 관용과 평등, 소외 계층 옹호 등에 대해 힘주어 말하기도 했다. 이 같은 어머니의 행동과 신념에서 배우고 느낀 것들은 결국 그가 나아가야 할 길로 이끌어 준 힘이었다.

'흑인을 조직할 것이다. 풀뿌리에서, 변화를 위해서.'

변화란 조직된 풀뿌리에서 비롯된다는 생각을 한 그는 자신의 생각을 실천으로 옮기기로 결심한 것이다.

오바마는 컬럼비아 대학교 재학 시절부터 구상했던 공동체 조직가에 대한 자신의 그림을 틈날 때마다 사람들에게 설파하곤 했다. 그러나 주변 사람들의 반응은 시큰둥했다. 능력 있고 잘 나가는 샐러리맨이 되었는데(그것도 흑인으로서 말이다), 왜 그 좋은 자리를 포기하느냐는 식이었다.

그렇지만 오바마는 자신의 꿈을 포기하지 않았다. 그는 여러 인권 단체에 편지를 보내 일할 곳을 찾았고 드디어 시카고에서 꿈을 펼칠 기회가 찾아왔다. 기회가 온 순간, 자신의 모든 것을 버릴 용기가 그에게는 있었다.

오바마는 그 당시 자신의 경험에 비추어 이렇게 말한다.

"돈을 버는 것은 잘못된 일은 아닙니다. 하지만 돈을 버는 데만 삶을 집중시키는 것은 야망의 빈곤함을 보여주는 것입니다."

그의 말처럼 세상에는 돈을 버는 것보다 더 중요한 '가치'가 있다. 노력한다면 그 가치를 실현할 방법이나 길이 분명히 있는데도 많은 사람들은 그 길을 포기한다. 당장 먹고 살기 힘들다거나, 경제적인 관념에만 몰두하거나, 아니면 사람들이 새로운 길을 인정해 주지 않는다는 이유로 자신만의 길을 포기하는 것이다. 잘 닦이지 않는 길은 험난한 앞날을 예고한다. 그러나 잘 닦인 길만을 고집한다면 평범한 사람은 될 수 있되, 자신의 가치를 실현하는 사람은 될 수 없다.

사람들 사이에서 유대감을 형성하다

지역 사회 활동가란 이름으로 시카고 사우스사이드에 자리를 잡은 그는 연봉 만 달러, 자동차 구입 보조금 2천 달러라는 적은 금액을 받으며 일을 시작했다. 이전 직장에서의 보수와 비교한다면 터무니없는 액수였다.

오바마가 활동가로 나선 당시의 시카고는 시민 서비스가 느리거나 불완전했으며 학교는 예산부족으로 시달렸다. 게다가 엄청난 실업률과 범죄의 발생으로 청소년 탈선의 온상이 될 만한 곳이었다. 그야말로 떠날 여유가 없는 사람만 남아 있는 도시였던 것이다.

열악한 상황이었다. 게다가 그곳에서 정확히 무슨 일을 해야 하는지도 막연했다. 하지만 그는 자원 봉사자들로 이루어진 조직과 함께 집회를 조직하고 준비하고 도전했다. 도시에 사는 사람들을 만나고 대화했으며 교회와 학교, 공영 주택단지, 길거리의 주민 모임에 참여하며 변화를 촉구했다.

도심의 흑인과 외곽의 백인을 묶어 제조업 일자리를 마련하는 일이나 시청의 지원을 받아 직업 훈련 센터를 만드는 일, 저임금 노동자들을 위해 공공임대주택을 개발하는 일, 공공아파트의 노출된 유해환경인 석면 문제를 해결하는 일 등, 그는 눈앞에 발생한 문제들이 있으면 해결방안을 찾기 위해 쉴 새 없이 움직였다.

그러나 쓴 실패만 맛봐야 하는 경우가 허다했다. 그러다 보니 좌절감은 어느새 일상이 되어갈 정도였다.

"난 이웃 사람 이야기를 듣고 싶지 않아요. 안 그래요? 사람들이 말하는 일자리라는 게 도대체 어디 있단 말이에요?"

사람들의 반응도 저마다 냉소적이었다. 어떤 경우 집회를 소집해도 참석 인원은 겨우 열 명 안팎, 그나마 무관심의 태도로 일관하는 사람들이 대부분이었다.

반복되는 실패 속에 오바마는 비통한 심정과 함께 능력의 한계를 느낄 때도 많았다. 그 과정 속에서 그는 자신에게 '어떤 확신'과 '이해'가 부족하다는 것을 느꼈고 그동안의 실패는 모자란 자신의 부분에 대한 경종임을 깨달았다.

그러면서 조금씩 성과도 나타났다. 거리 청소 캠페인과 범죄 감시 프로그램을 운영하고 위생 서비스 개선 촉구 요구사항에 대한 답변을 시로부터 얻어내기도 했다. 지역민과 진정으로 마음을 나누는 대화 속에 서로가 더욱 단단해지고 유대감이 생겨났다.

그로부터 이십 년 후인 2007년, 오바마는 대통령 출마 의사를 발표하며 시카고에서의 시절을 이야기했다.

"의미 있는 변화는 항상 일반 대중에게서 시작된다는 것을, 그리고 함께 일하는 시민들이 엄청난 것을 이룰 수 있다는 것을 배웠습니다."

대중 속에서 울고 웃으며 일했던 시카고에서의 3년은 그에게 삶에 대한 방향과 자신이 설 자리에 대한 확신을 가르쳐 준 시기이자 일종의 정치수련 기간이었다.

아버지로부터 배운
자신감

"너는 네 아버지에게 배워야 할 게 있어.
자신감이야. 이거야말로 남자가 성공할 수 있는 비밀의 열쇠지."

–외할아버지가 어린 오바마에게

케냐의 조용한 시골마을인 코겔로는 현재 버락 오바마에 대한 소식으로 연일 들썩이고 있다. 코겔로는 오바마의 루오족 친척들이 살고 있는 곳이다. 이곳에서는 주민 수백 명이 "우리의 영웅 오바마!"를 연호하며 매일 춤을 추고 있는가 하면, 특히 오바마의 할머니인 91세의 사라 안양고 오바마의 인기는 오바마의 재선 소식과 함께 더욱 높아져 그녀를 인터뷰하려는 외신 기자들이 줄을 잇고 있다.

의붓아들이었던 오바마의 아버지를 키운, 남아공 전 대통령 만델라의 얼굴을 닮은 듯한 사라는 "내 손자는 케냐와 아메리카뿐 아니라 전 세계의 희망"이라고 말하며 그의 대통령 재선을 매우 자랑스럽게 여기고 있다.

뿌리를 찾고 자신을 찾다

오바마가 할머니 사라를 처음 만난 것은 1987년이었다. 그가 시카고의 지역 사회 활동가 생활을 마감하고 하버드에 입학하기 전이다.

시카고 생활을 시작한 지 3년이 지난 후, 그는 하버드 로스쿨에 지원하기로 결심한다. 입학 허가서를 받고 난 1987년, 오바마는 아버지의 땅 케냐에 난생 처음으로 방문하게 되었다. 난생 처음으로 자신의 뿌리를 돌아보며 진정으로 자신이 해야 할 일은 무엇인가를 되새겨 보기 위해서였다.

그곳에서 오바마는 자신과 피를 나눈 형제들과 친척들을 만났고 그들의 환대를 받았다. 할머니 사라도 그때 처음으로 만났다.

형제들과 친척들은 그에게 돌아가신 아버지에 대한 자세한 이야기를 들려주었다. 2살 때 아버지와 헤어진 이후, 돌아가시기 전까지 아버지를 만난 것은 단 한 번뿐이었다. 헤어진 아버지에 대한 이야기는 어머니나 외할아버지, 투트라 불렀던 외할머니에게서 전해 듣는 게 다였다.

어린 시절에는 아버지를 원망하기도 했던 그였다. 왜 아버지는 떠났을까, 왜 돌아오지 않을까? 오바마가 청소년기의 성장통을 심하게 겪어야 했을 만큼 아버지의 부재가 가져다 준 여파는 매우 컸다.

그랬기 때문에 아버지란 존재는 그에게 그리 자랑스러운 사람이 아니었다. 그가 하와이 푸나호우 학교에 다니던 시절, 학교 선생님이 그의 아버지를 초청한 일이 있었다. 마침 그때는, 오바마의 아버지가 처음이자 마지막으로 그를 만나러 하와이에 와 있던 때였다.

선생님이 아버지를 초청한다는 말에 오바마는 기겁을 하고 말았다. 자신의 아프리카식 이름을 놀리는 친구들에게 아버지가 케냐의 왕자라고 자랑을 해왔기 때문이다. 하지만 걱정은 기우에 불과했다.

아버지는 초청된 자리에서 옛날의 아프리카와 여러 부족의 관습에 관해 진지하게 이야기를 했다. 또 자유를 위해 싸웠던 케냐의 역사, 억압당하던 케냐 사람들이 자유를 꿈꾸며 시련을 물리쳐 온 이야기들을 자신감 있는 말투로 설명했다. 이야기가 끝나자 반 친구들로부터 요란한 박수가 터져 나왔다.

"넌 정말 멋진 아버지한테서 태어났구나."

"니네 아빠 진짜 끝내준다!"

친구들로부터 부러움을 한 몸에 받게 된 오바마는 그제야 아버지를 다시 한 번 되돌아볼 수 있었다. 두 살 때 헤어지고 처음으로 만난 아버지는 낯설고 어려운 사람이었지만, 학교 수업에서 객관적인 모습으로 바라본 아버지는 훌륭하고 자랑스러운 인물이었다. 그렇게 아버지는, 오바마의 마음속에 처음으로 자리를 잡았다.

아버지가 케냐로 돌아간 뒤에도 그는 아버지의 편지를 종종 받았다. 편지는 간략했고 때로는 '머물 곳을 찾아서 끊임없이 흘러가는 물처럼, 너도 언젠가는 너에게 맞는 일을 찾게 될 것'이라는 등 아포리즘 형식의 충고를 보내기도 했다.

오바마가 케냐를 방문했을 때 그의 아버지는 이미 돌아가신 후였지만, 아버지를 가장 많이 알게 되고 비로소 이해하게 된 시기가 바로 이 때였다. 돌아가신 아버지와의 해후는 이후 오바마가 야망을 키우고, 신념을 지켜나가는 정신적 힘을 얻게 된 계기이기도 했다.

아버지를 넘어서

오바마의 친아버지 오바마 시니어는 장학생으로 입학하게 된 하와이 대학교를 3년 만에 수석 졸업한 수재였다. 당시 그는 항상 자신감에 넘쳐있었고 쾌활했으며 리더십이 탁월해 국제학생연합회의 초대 회장을 맡기도 했다. 이후 하버드 대학교에서 장학금을 받으며 박사과정을 밟았다. 그리고 아프리카의 발전을 도모하기 위해 고향으로 돌아갔다.

하와이 대학교를 졸업한 직후 〈호놀룰루 스타 불레틴〉에 실린 인터뷰 기사에 아버지는 신중하고 책임감 있는 인물로 묘사되었으며 모범적이고 자기 대륙을 대표하는 대사라는 표현까지 동원되었다.

케냐에 돌아간 그는 정유 회사를 다니다가 정부에 들어가 관광부 장관으로 일을 했다. 1960년대의 케냐는 최대 부족인 키큐유족과 소수 부족인 루오족과의 갈등으로 심각한 위기를 맞이한 때였다. 루오족이었던 오바마의 아버지는 당시 부통령이었던 라일라 오딩가와 함께 저항운동을 펼쳐나갔다. 그러나 결국, 케냐의 첫 대통령이었던 조모 케냐타(Jomo Kenyatta) 대통령과의 정치적 견해 차이로 장관직에서 해고되고 그는 오랫동안 가난과 절망의 시간을 견뎌내야 했다.

대통령과 고위층에 있던 친구들이 그에게 등을 돌리자 오바마의 아버지는 자존심에 커다란 상처를 입었다. 한순간에 나락으로 떨어지며 정치적인 탄압과 배신을 겪으며 그는 한동안 술로 나날을 보내게 된다. 그러다가 케냐타 대통령이 죽은 뒤인 말년에는 다시 정부로 들어가 재무부 장관으로 일할 수 있었지만 결국 교통사고로 죽음을 맞이하고 말았다.

오바마가 케냐에서 마주한 아버지의 진실은 그런 모습이었다. 신념을 위해 끊임없이 노력했으나 결국 꿈을 채 펼치지 못하고 날개가 꺾여버린 한 사람. 그는 그제야 아버지의 마음을 이해했고 뒤늦게야 아버지가 자신에게 남긴 정신적 유산을 발견하게 되었다.

"너는 네 아버지에게 배워야 할 게 있어. 자신감이야. 이거야말로 남자가 성공할 수 있는 비밀의 열쇠지."

오바마의 외할아버지는 오바마에게 종종 이렇게 말했다. 외할아버지의 말처럼 오바마의 아버지는 자신이 흑인이라는 사실에 항상 당당했고, 오히려 자랑스럽게 여겨온 분이었다.

오바마의 아버지가 가족의 곁을 떠나기 전, 동네 술집에서 술을 마신 적이 있었다. 그때 백인 한 명이 벌떡 일어나 깜둥이 옆에서는 술을 마실 수 없다고 말했다고 한다. 술집 안은 조용해졌고 사람들은 일제히 그를 바라보았다. 당장이라도 싸움이 벌어질 분위기였다.

하지만 그는 그 백인에게 조용히 다가가 미소를 지으며, 편견의 어리석음과 아메리칸 드림의 약속, 인간이 가진 보편적 권리에 대해 길게 설명을 했다. 그리고 그가 이야기를 마쳤을 때 거칠었던 백인은 몹시 미안해하며 주머니에서 백 달러를 꺼내 그에게 주었다. 그날 밤 술집에 있던 사람들은 그 돈으로 모두 공짜로 술을 마실 수 있었다.

할 수 있다는 자신감. 자신을 믿는다는 것. 쉬운 일 같지만 그렇지 않다. 어떤 외부의 상황에도 흔들리지 않고 자신을 지켜내는 일은 결코 쉬운 일이 아니었다. 아버지에 대한 일화는 오바마에게는 값진 가르침이었다.

오바마는 케냐 방문을 통해 아버지의 모습을 재발견할 수 있었고 그의 가르침은 오바마의 가슴에 더욱 깊이 남았다. 버락 오바마의 자신감 넘치는 지금까지의 행보는 아버지의 영향이 크지 않았나 생각한다. 오바마는 자신의 인생을 부끄럽게 살지 않으려 했던 아버지처럼, 세속적인 것을 추구하지 않고 오로지 꿈을 향해 전진하고 있는 것이다.

더 높은 사명을 위해

"눈부시게 뛰어난 사람은 많지 않고 그들 중
대부분은 골칫거리에요. 하지만 버락은 완벽한 사람이었죠."

−마이너 반힐앤갈란드 시절의 동료

오바마의 도전 정신은 조직가로 뛰어든 새로운 삶에서 그치지 않
는다. 지역 사회 활동가로 일하며 어느 정도의 변화도 일궜고 자신의
입지도 굳힌 그였다. 많은 지역 정치인들이 그의 이름을 알게 되면서
연설 초청을 받는 일도 많았다.

그러나 더 근본적인 변화를 위해서는 지역 사회 활동가라는 위치
는 아무래도 한계가 있었다. 미국 사회의 근본적인 모순과 보이지 않
는 권력자 등, 그의 위치에서 맞부딪쳐야 할 상대는 너무 덩치가 컸다.

"만일 힘이 세질 수 없다면 영리해야 돼. 그래야 힘센 사람과 평화
를 지켜나갈 수 있어."

그를 아들처럼 대해주었던 인도네시아인 새아버지 롤로의 말을 기억하고 있었던 것일까. 그 즈음에 오바마는 하버드 진학을 결심하게 된다.

그가 하버드의 로스쿨 진학을 감행한 것은 움직일 수 없는 견고한 권력 구조를 변화시키기 위해서였다. 진짜 변화를 만들기 위해서는 정치적인 영향력을 가져야 한다는 것을 깨달았기 때문이다. 권력이 어떻게 흘러가는지, 입법 과정은 어떠한지 세세한 것들을 배워 더 많은 변화를 일굴 수 있는 사람이 되어 다시 돌아오기 위해서였다.

새아버지 롤로의 말처럼 좀 더 영리해지기 위해. 그래서 미국과 세상의 평화를 위한 정치인이 되기 위해.

하버드 로 리뷰의 편집장

하버드 로스쿨은 뛰어난 수재들과 공부벌레들이 가는 최고의 대학이다. 하버드는 오바마의 아버지가 다니던 학교이기도 했다. 그가 이곳에 진학해 도서관에서 법전과 판례를 보고 외우며 보낸 3년의 시간은 앞으로 더 멀리 뛰기 위한 준비과정이라 할 수 있었다.

당시 그는 하버드 로스쿨의 권위 있는 학술지 〈하버드 로 리뷰〉의 편집장으로 선출되기도 했다. 〈하버드 로 리뷰〉는 법학관련 학술지이자 가장 권위가 높은 하버드 로스쿨의 법학지로, 오바마는 〈하버드 로리뷰〉 역사상 최초로 선출된 흑인 편집장이었다.

〈하버드 로 리뷰〉의 권위가 높았던 만큼 최초의 흑인 편집장이 선출된 것은 하나의 이슈였다. 그래서 뉴욕의 신문들은 오바마에 대한 기사를 내보내기도 했고, 저서 출간 제의도 했다.

갑자기 유명인사가 된 덕분에 그는 학교에서 거물로 통했다. 하지만 친구들의 말에 의하면 그는 '거물'이었지만 그렇게 행동하지 않았다. 오바마가 흑인에 대한 보이지 않는 편견을 깨고 최초의 흑인 편집장이 될 수 있었던 것은 동료들과의 친화력과 탁월한 리더십을 예상케 하는 일이기도 하다.

게다가 그가 〈하버드 로 리뷰〉를 맡은 뒤 생긴 유명한 일화도 있다. 당시 미국의 대학가는 보수와 진보로 분열되어 진보성향의 학생이 편집장을 맡으면 보수성향의 학생들이 따로 신문을 만들고, 보수성향의 학생이 편집장을 맡으면 그 반대의 상황이 연출되곤 했다.

그런데 오바마가 편집장을 맡았던 때만큼은 그런 일이 없었다고 한다. 그는 편집장으로서 진보와 보수 성향의 학생들을 모두 포용하며 균형 있고 공정한 편집을 진행했기 때문이다. 이와 같은 일화에서도 알 수 있듯이, 사람들을 끌어당기는 매력과 포용력은 오래 전부터 그가 가지고 있던 미덕으로 보인다.

오바마는 학문적으로도 뛰어난 실력을 보였다. 로렌스 트라이브라는 헌법학 교수는 명민한 그를 연구 보조원으로 선택했고 나중에 오바마에게 이렇게 말하기도 했다.

"내가 37년 동안 가르친 학생 중 가장 유능한 학생 두 명을 꼽으라면, 자네는 그 두 명 중에 한 명일세."

한 명이 누구인지 궁금해 하는 사람이 많지만 그것은 아직 드러나지 않았다고 한다. 어쨌든 로렌스 트라이브의 말은 오바마의 학식과 재능이 어느 정도였는가를 반증하고 있다.

다시 시카고로

1991년 버락 오바마는 하버드를 우등으로 졸업한다. 성적은 물론 유명세까지 얻은 오바마가 하버드를 졸업한 후에는, 그가 원하면 그야말로 뭐든지 할 수 있는 위치가 되었다. 대다수의 하버드 졸업생들에게는 뉴욕의 큰 법률 회사나 전국의 대기업, 법조계에서 일할 기회가 주어졌고 실제로 대부분의 졸업생들이 그러한 길을 걷는다.

오바마에게도 많은 기회가 주어졌다. 그가 마음만 먹으면 '가장 유명한 로펌'에 갈 수도 있을 만큼 많은 사람들이 탐내는 학생이었다.

그가 졸업할 시기에는 항소법원 재판장이 오바마를 대법원의 서기로 고용하겠다는 의사를 밝혀온 적도 있었다. 대법원 서기로 일하며 고속 승진을 하는 것은 법학 전공자라면 충분히 도전해 볼 만한 직업이었다.

그밖에도 월 스트리트 가의 회사들과 대기업에서는 이미 유명세를 떨치고 있는 오바마에게 수많은 러브콜을 보내왔다. 그 수가 얼마나 많았던지, 심지어 이런 일도 있었다.

"버락 오바마 씨와 통화를 할 수 있을까요?"

"지금 안 계신데요. 채용 의뢰인가요?"

"네, 그렇습니다."

"그럼 목록에 올려 드릴게요. 643번이세요."

거짓말 같은 이야기지만, 이 일은 나중에 오바마와 함께 일하게 되는 민권 변호사 주드 마이너가 실제로 겪은 일이다. 당시 오바마의 주가가 얼마나 대단했는지 짐작하고도 남을 만하다. 하지만 오바마는 고액 연봉과 편안한 삶이 보장되는 그 모든 기회, 모든 제의를 정중히 사양했다.

애초에 자신이 생각한 것, 로스쿨에 들어온 것은 변화를 위한 정치적 영향력을 가지기 위해서였지, 특권층의 위치에 서기 위해서가 아니었다. 오바마는 하버드를 다니면서도 어떻게 하면 좀 더 나은 세상을 만들 수 있을까, 어떻게 하면 세상을 변화시킬 수 있는 사람이 될 수 있을까를 끊임없이 고민해 왔다.

오바마는 자신에게 손을 내미는 수많은 러브콜을 마다하고 대신 자신이 지역 사회 활동가로 일했던 시카고로 돌아갔다. 그리고 그곳에 있는 마이너 반힐앤갈란드(Miner, Barnhill & Galland)사의 인권변호사로 자리를 잡았다.

　이러한 선택은 아무나 할 수 있는 일이 아니다. 특별히 속물적인 사람이 아니라 해도 자신의 미래 앞에 펼쳐진 탄탄대로를 마다하는 것은 쉽지 않다. 현실을 살아가는 일은 쉽지 않고 그래서 이상은 그저 이상으로 남는 경우가 많다. 그러나 오바마는 스스로에게 약속한 바를 지키는 사람이었다. 출세 앞에서 굴복하지 않고 꿈과 이상을 향해 매진했던 것이다.

　다시 돌아온 시카고는 예전보다 더 어려운 상황에 놓여 있었다. 오바마는 손을 쓸 수 없을 만큼 만연한 부패의 흔적, 더욱 어렵고 피폐해진 사람들의 시선과 마주해야 했다. '신념은 순수함과 달라서 계속 유지하기가 힘들다'고 그 스스로가 말했듯 더 어려워진 상황은 그를 충분히 흔들리게 할 만 했다.

　하지만 그는 좌절하는 대신 그러한 사회의 구조적 모순을 해결하기 위한 길은 무엇인가에 대해 끊임없이 생각했다. 민권 변호사로서 주로 인종 차별 사건들을 맡으며 생각은 더욱 깊어갔다.

　"눈부시게 뛰어난 사람은 많지 않고 그들 중 대부분은 골칫거리에요. 하지만 버락은 완벽한 사람이었죠."

　당시 오바마와 일하던 파트너 중 한 명은 〈타임〉지를 통해 이렇게 회고했다.

정치세계의 문을 열다

시카고의 지역 사회 활동가로 일한 경험과 로스쿨에서 사회구조와 법제도를 공부한 이후 오바마는 한층 더 성숙해졌다. 흑인의 열등감이나 자폐적 자의식 따위도 이미 사라진 지 오래였다.

인권변호사로 활동하면서 그는 지금의 아내 미셸을 만나 결혼을 하게 되었고, 그와 함께 시카고 대학 로스쿨의 헌법학 강의를 맡으며 교수생활도 시작한다.

"헌법을 가르칠 때 가장 멋진 점은 다루기 힘든 모든 문제들을 다루어야 한다는 겁니다. 낙태, 동성연애자 권리, 차별 철폐 조처 같은 것 말이죠. 그리고 보수 성향의 대법원 판사 뿐만 아니라 상대방, 양쪽 모두를 설득할 수 있어야 합니다." 그에게 '예리함을 계속 유지'하게 해 주었던 강의는 그가 입법에 참여하기로 결심하게 된 계기가 되었다. 마침 일리노이 주 상원의원의 공석 자리가 있었고 오바마는 그 자리에 출사표를 던졌다. 드디어 본격적인 정치 세계에 발을 들여놓게 된 것이다.

아내와 주변 사람들의 걱정에도 불구하고 오바마는 선거에서 승리했고 주도인 스프링필드에서 입법 과정에 참여하게 되었다. 당시 스프링필드는 공화당 집행부가 민주당 의회를 지배하던 때로, 스프링필드의 민주당원들은 입법 과정에서 무기력한 모습일 수밖에 없었다.

민주당원으로서 정치계에 첫 발을 들인 오바마로서는 어려운 시작이었다. 게다가 '그의 잘생긴 외모와 명료한 연설 능력, 그리고 지적인 면을 불쾌하게 여기는' 일종의 텃세까지 감내해야 했다.

하지만 그는 양당의 동료들을 가리지 않고 사귀며 일을 했고 문제가 있다면 해결하려는 의지와 헌신적인 모습으로 감동을 주었다. 그러다 보니 곧 거의 대부분의 의원들이 오바마에게 호의를 가지게 되었다.

"오바마에게 적이 있다면 그건 그냥 순전한 질투에요. 그에게 정당한 이유가 있는 적은 없을 겁니다."

그의 동료 공화당원의 말이다. 적도 내 편으로 만드는 것은 오바마의 기본적인 덕성이었다. 또한 한편으로는 대단한 정치력이기도 하다는 점에서 대선 후보 주자로 서게 되는 미래가 엿보였던 셈이다.

오바마의 획기적인 법안

일리노이 주 상원의원으로 일하는 동안 그는 저소득층 가정의 감세를 포함하는 수정안을 통과시켰고 선거 자금 개혁 법안을 다루었으며 유아기 교육 프로그램 확장 법안을 통과시켰다. 또 고리대금업자들이 저소득층 주택 소유자에게 과도하게 높은 주택 담보 이자율을 부과하지 못하도록 하는 법안을 제시했다.

그 중에서도 가장 혁신적이었다고 평가되는 법안은 일리노이 주 경찰에게 사형이 가능한 모든 중죄 사건의 심문 녹화를 의무화한 법안이었다.

기본적으로 그는 사형에 찬성하는 입장을 표시했다. 그러나 '사형 찬성', '사형 반대'와 같이 짧은 한 단어가 모든 것을 설명할 수 있는 것은 아니다. 찬성을 한다고 해도 반대 입장을 포용할 수 있고, 그 반대의 경우도 그럴 수 있지만 결정을 해야 하는 입장이라면 어느 하나를 선택해야 하기 때문이다.

물론 그런 경우에도 사회와 대중에게 최대한 이롭고 바람직한 쪽으로 법안을 통과시키는 과정이 필요하다. 오바마는 이 중간 과정의 역할을 잘 해내고자 노력했다.

사형 반대를 주장하는 사람들처럼 그 역시 사형이 범죄 억제 수단으로 작용하지는 않는다는 것을 알고 있었다. 그러나 '대량 살인, 강간, 아동 살해와 같이 너무나 극악하고 정도를 넘어서는 범죄들…… 이러한 불법 무도한 행위에 지역 사회가 최후의 형벌을 부과하는 것은 정당하다'고 생각했다. 그것이 그가 찬성 입장을 표했던 이유였다.

그런데 하필 그 시기에 불리한 상황들이 발생했다. 부당하게 유죄 선고를 받은 사형수 13명의 무죄가 입증되는가 하면, 주지사가 강제로 사형 집행 중지 선언을 해야 하는 일도 있었다.

오바마가 생각하기에 사형 찬성이나 반대보다 더 중요한 것은 '개혁이었다. 범죄에 온건하다고 낙인찍히기 두려워한 의원들이나 경찰과 검찰의 반대에도 불구하고 그는 자신의 주장을 펼쳐나갔다.

"어떤 무고한 사람도 사형수로 끝나서는 안 되며, 어떤 흉악범도 자유를 얻어서는 안 된다는 기본 원리를 지켜야 합니다."

오바마는 결백한 사람을 구하려면 심문 녹화가 필요하며, 그것이 또한 유죄를 선고하는 강력한 수단이 될 것임을 납득시켰다. 처음에 반대했던 사람들도 그의 조리 있는 설득과 타당성 있는 말에 고개를 끄덕이기 시작했다. 결국 법안은 만장일치로 통과되었다.

근본적인 것을 변화시킬 수 있는 사람. 오바마의 꿈과 이상은 그것이었고, 그러한 사람이 되기 위해 달려온 것이었다. 진정으로 사람들을 위하는 법안이 마련된다면, 그리고 그것이 시작이 되어 더 많은 것들이 실현될 수 있다면 좋은 세상으로 향하는 길은 조금씩 뚫리게 될 것이 분명했다. 오바마는 그것을 믿었다.

불가능이란
아름다운 도전이다

"그분들은 관용적인 미국에서 '네 이름은
성공에 전혀 장벽이 되지 않을 것'이라 믿으시며, 아프리카식 이름인 버락,
즉 '축복받은'이라는 뜻을 가진 이름을 제게 지어주셨습니다."

오사마 빈 라덴과 사담 후세인

온 국민을 분노케 할 희대의 살인사건이 터진다. 그런데 내 형제나 자식이 마침 그 용의자와 똑같은 이름을 갖고 있다면 어떤 기분일까. 우연의 일치치고는 썩 유쾌하지 못한 일일 것이다.

또 다른 경우, 만일 용의자에 대한 온 국민의 적대감이 고조된 상황에서 용의자와 같은 이름의 정치인이 출마를 선언했다면 어떻겠는가. 출마 당사자의 이력이나 능력을 알아보기 이전에 용의자가 떠오르지 않을 수 없고, 어쩔 수 없는 반감이 섞일 수도 있다. 단지 이름

이 같다는 이유로 말이다. 운으로 치자면 억세게 운이 없는 경우다.

참으로 억울한 일이지만 이름에 대한 인식은 그만큼 중요하다. 버락 오바마가 바로 이 같은 상황에 맞닥뜨린 것이다. 참고로 말하자면 버락 오바마의 중간 이름은 후세인, 버락 후세인 오바마(Barack Hussein Obama)이다.

세계 무역 센터 건물에 항공기가 충돌하던 2001년 9월 11일, 전 세계는 패닉 상태에 빠졌다. 수많은 사람들이 처참하게 죽거나 다쳤고, 그 사건은 우리의 가슴 속에 씻을 수 없는 상처로 남았다. 일명 9·11 테러사건이다.

그리고 이 사건이 불씨가 되어 미국은 세계평화라는 대의명분을 내세워 이라크를 상대로 한 전쟁을 선포했다. 이른바 예방전쟁(preventive war)이라는 논리였다.

전쟁에 앞서 부시 정부는 대대적인 홍보전을 펼쳤고 9·11 테러의 끔찍한 상황을 되풀이해서 상기시키며 전쟁에 대한 반감을 줄이고자 했다. 그리하여 2002년 가을 무렵, 대다수의 사람들은 이라크의 사담 후세인이 대량 살상 무기를 보유하고 있다고 확신했고 미국인 가운데 66퍼센트는 후세인이 개인적으로 9·11 테러 공격에 연루되어 있다고까지 생각하게 되었다.

이러한 혼란스러운 상황 속에서 버락 오바마는 일리노이주 민주당 연방 상원의원으로 출마하기로 결심을 한다. 2003년 1월이었다.

하지만 당시는 민주당의 베테랑 상원의원인 바비 러시와의 연방 의원 선거전에서 두 배가 넘는 비율로 패한 뒤였고 선거로 인해 많은 빚까지 안고 있는 상태였다. 게다가 9·11 테러의 여파로 인한 오바마 개인적인 상황은 생각보다 훨씬 어려웠다.

9·11 테러를 일으킨 알카에다 테러 조직의 수장 오사마 빈 라덴과, 이라크 전쟁의 중심에 있었던 사담 후세인. 오사마 빈 라덴의 '오사마'는 '오바마'와 흡사한 발음이었고 사담 후세인의 '후세인'은 버락 오바마의 중간 이름이었다.

당시 어느 미디어 컨설턴트는 바뀐 '정치 역학'을 거론하며 이런 말을 하기도 했다.

"정말 운이 따르지 않는군요. 물론 당신이 개명할 리도 없을 테고, 유권자들은 공연히 의심할 것입니다. 이제 막 정계에 입문하는 처지라면 별명 같은 것이라도 쓸 수 있겠지만 지금은 그나마도……."

그의 말처럼 정말 '재수 없는' 일이었다. 9·11 테러가 벌어졌을 때 신문들은 여기저기 대서특필을 했고 신문 1면마다 오사마 빈 라덴의 이름이 언급되었다. 정치인 오바마에게는 그야말로 저주와 같은 일이었다.

평범한 사건도 아니었고 오사마 빈 라덴에 대한 전 국민의 분노는 극에 달해 있었다. TV의 선거 전문가는 9·11 테러 이후 오바마에 대해 이렇게 말하기도 했다.

"일반적인 통념으로 버락 오바마라는 이름을 가진 사람은 그 누구도 앞으로 3년 내에는 선거에서 이기지 못할 것입니다." 이와 같은 상황 속에서 오바마는 그 사건이 자신의 정치 인생의 끝을 나타낸다고까지 생각할 정도였다.

심지어 사담 후세인의 이름과도 중복되는 이름이었으니 엎친 데 덮친 격이었다. 오바마의 측근이나 지지자들 역시 고개를 절레절레 흔들 정도였다. 상대 당원들의 네거티브 공세는 오바마의 이름을 공격하며 더욱 거세졌다. 그의 이름은 공화당의 홈페이지 내에서 온갖 조롱의 대상이 되기도 했다.

기가 막히게도, '버락'과 비슷한 발음의 〈Borat〉이라는 제목으로 등장한 영화마저 미국 문화를 신랄하게 비판하고 있었다.

그렇지만 한없이 좌절감에 빠져있을 오바마가 아니었다. 그를 걱정하는 사람들은 이름을 바꾸기를 권유하기도 했지만 오바마는 거절했다.

사실 "그런 별난 이름은 누가 지어 주었냐?"라는 질문을 수도 없이 받을 만큼 예전부터 곤란을 많이 겪은 이름이었다. 하지만 그는 버락 오바마란 자신의 이름을 사랑했다. 오바마는 아버지에게 물려받은 버락 후세인 오바마라는 이름이 가져다 준 시련을, 자신의 꿈과 희망을 실현시키는 과정에서 극복해야 할 하나의 장애물 정도로 생각하기 시작했다.

피하는 건 상책이 아니었다. 수용하고 인정하고, 그리고 인식의 벽을 깨기 위해 더 노력하는 길이 최선이었다.

그의 이름을 편치 않게 생각하는 것은 그 자신보다 주변 사람들이 더했다. 오바마는 이름에 대한 거부감을 극복하기 위해 역설적인 방법을 사용했다. 한 번은 어떤 기자가 워싱턴에 있는 그의 사무실로 전화를 걸어왔고, 이렇게 물었다.

"저 죄송한데요, 의원님의 중간 이름 철자가 정확히 뭔지 알 수 있을까요?"

"그 독재자 이름이랑 같아요."

전화를 받은 직원은 아무렇지도 않은 목소리로 대답했다. 공식 석상에서는 '버락 후세인 오바마'라는 긴 이름을 다 쓸 필요가 없다. 그렇기 때문에 평소 중간 이름은 거의 사용하지 않았지만, 그렇다고 해서 직원들이 '후세인'이라는 자신의 중간 이름을 꺼려하지 않도록 확실히 지시해 온 것이다.

또 이런 일도 있었다. 오바마가 상원의원에 출마하기 전, 제니코 샤코프스키라는 일리노이 주 의회 대표는 백악관을 방문해 부시 대통령을 만난 적이 있었다. 그녀는 오바마 배지를 가슴에 달고 있었고 배지를 발견한 부시는 '문자 그대로 뒤로 나자빠졌다'고 한다.

"난 그분이 무슨 생각을 하고 있는지 알았어요. 그래서 'b'를 쓰는 오바마라고 그를 안심시켰답니다."

버락 후세인 오바마. 어쩌면 정치인으로서는 때를 잘못 타고난 이름이었는지 몰랐다. 이름 자체가 발음하기 어렵고 미국식이 아니라는 것도, 대중에게 어필하기에 어려운 점이 많았다.

그러나 오바마는 정치적 입지를 확보하는 데 있어 불리하게 작용했던 이름이었음에도 불구하고 이에 용감하게 맞섰다. 그는 연설에서 자주, 자신의 이름 '버락'이 스와힐리 어로 '축복받은'이란 뜻이라고 말한다. 아버지가 물려주신 소중한 이름인 만큼 스스로 아끼고 소중히 여기는 모습을 보여준 것이다.

이제 그의 이름은 미국인들뿐만 아니라 전 세계가 익숙해진 이름이 되었다. 재선 대통령이 된 버락 오바마라는 아랍식 이름은 미국 대통령의 이름으로서 역사의 한 줄로 남게 될 것이다.

이름에 대한 편견이 사라진 지금 사람들은 오히려 '오바마'라는 이름을 희망에 찬 목소리로 부른다. 그래서 가끔 그는, 사람들이 오바마라는 이름을 '앨라배마(Alabama)'나 '요 마마(Yo Mama)'로 잘못 들을 때가 많다는 우스갯소리로 청중을 즐겁게 해준다.

상원의원의 길을 향해

그러나 어려움은 그것만이 아니었다. 아내 미셸은 그가 처음 정치에 입문하겠다고 할 때보다 더 회의적이었고 주변사람들 역시 '하원 의석을 따내지 못했다면, 어떻게 상원 의석을 따내겠느냐'고 생각했다.

게다가 오바마에게는 충분한 선거 자금이나 든든한 조직도 없었다. 그에게는 네 명의 경험 없는 직원이 전부였을 뿐이다. 강력한 선거 운동 자금력을 갖춘 부자 기업가나, 민주당 지부로부터 지원을 받는 다른 경쟁자들과 비교해 볼 때, 그는 지극히 초라한 상대였다.

그럼에도 불구하고 아내에게 밝힌 그의 결심은 세 가지였다.

"앞으로 일어날 일들은 내가 예비 선거에서 승리하는 것, 총선거에서 승리하는 것, 그리고 책을 쓰는 거야."

자신만만하게 말했지만 선거전에 돌입한 후 상황은 생각보다 훨씬 나빴다. 오바마가 선거운동을 했던 남부의 많은 도시들은 '유색인들에게 보이는 전형적인 반응이 자동차 창문을 올리는 것'일 만큼 보수적이었던 것이다.

이러한 악조건 속에서도 오바마는 작은 일부터 실천하기 시작했다. 몇 명의 이웃을 초청해 대화를 나누거나 교회 지하실과 같은 장소에 사람들을 불러 모아 자신의 신념을 이야기하는 것이 그 시작이었다.

"저는 저 사람들을 압니다. 저 사람들은 저의 외조부모님 같은 사람들입니다. 그 사람들이 먹는 음식은 제가 자랄 때 외조부모님이 드시던 거예요. 그 사람들의 행동 방식, 그 사람들의 감각, 그 사람들이 생각하는 옳고 그름이 저에게는 전부 익숙해요."

오바마가 〈뉴요커〉지의 기자에게 했던 이 말처럼 그에게는 사람들의 마음을 사로잡을 수 있다는 자신감이 있었다. 비록 다른 후보들이 가진 자금력도, 후원자도 없었지만 말이다. 다만, 자신의 신념만을 굳게 믿을 뿐이었다. 그리고 발로 뛰며 사람들과 일대일로 만나는 정공법에 돌입했다.

오바마는 교외 지역과 일리노이 중부와 남부의 작은 도시들을 돌며 열정적인 선거운동을 펼쳐 나갔다. 농부와 노동자와 교사, 상인들을 만나고 이야기하며 자신을 어필했다.

"나를 기다리는 사람이 두세 명이든 50명이든, 찾아간 곳이 노스쇼어의 으리으리한 집이든 엘리베이터가 없는 웨스트사이드의 아파트든, 블루밍턴 농가든 상관하지 않았다. 또한 기다리는 사람들이 호의적이면 좋겠지만 냉담하거나 적대적이어도 나는 입을 다문 채 이들이 쏟아 놓는 이야기를 귀담아들었다."

승진과 비싼 난방비, 요양소에 들어가 있는 부모에 대한 이야기들도 열심히 들었다. 나중에 그는 그때 들은 이야기들 가운데 '터무니

없는 얘기'는 하나도 없었다고 말한다. 그리고 그런 이야기를 들으며 그는 자신이 인생에서 그 어느 때보다 열심히 뛰고 있다는 느낌을 받았다.

오바마의 탁월한 리더십과 연설 능력은 차츰 효과를 나타내기 시작했다. 사람들 사이로 천천히 스며든 오바마의 진실한 연설은 어느새 불길이 번지듯 퍼져나갔고 그 파급 효과는 놀라울 정도였다. 마침내 그는 53퍼센트의 표를 얻고 예비선거에서 승리할 수 있었다.

물론 방해공작도 만만치 않았다. 그의 총선 경쟁자인 잭 라이언은 잃어버린 기반을 보충하기 위해 사람을 고용해 오바마가 가는 모든 곳을 카메라를 들고 감시하도록 했다. '감시맨'은 오바마가 가족과 통화하는 사적인 부분까지 녹화하고 심지어 화장실까지 쫓아다녔다. 사소한 약점이라도 잡아내 네거티브 공세를 펼칠 심산이었던 것이다.

그러나 오바마는 라이언 측의 정정당당하지 못한 대결에 대응해 태연자약하게 반응했다. 결국 '감시맨'의 지나칠 정도의 행동은 오히려 라이언 측의 민심이 약해지는 역효과만 낳았다.

게다가 라이언은 개인적 스캔들에 휘말려 선거에서 하차하게 되었다. 그 이후 공화당 후보로 투입된 사람은 전 대통령 후보였던 앨런 케이즈였다. 그렇지만 그는 애초에 상대가 되지 않는 후보였다. 극단적인 우파 성향을 보이며, 예수 그리스도는 오바마에게 투표하지 않을 것이라는 등 공감을 얻기 힘든 단어를 힘주어 말하는 그를 지지하는 사람들은 별로 없었다. 결국 앨런 케이즈 역시 완전히 활동을 중단했다.

상황이 이렇다 보니 투표 결과는 불 보듯 뻔했다. 처음에는 떨어질 것이 분명하다고 판단했던 사람들이 이제 오바마가 당선되는 것이 당연한 결과라고 생각했다. 오바마는 70퍼센트가 넘는 득표율과 주의 모든 지역에서 최고 득표를 기록하는 승리를 얻었다.

"제가 정말 하려고 했던 것은 선거 운동 중에 들은 것, 평범한 사람들이 매일 겪은 희망, 두려움, 투쟁에 대한 이야기를 전달하는 것이었어요. 사람들이 선거 연설에서 자신들의 이야기를 들을 수 있었기 때문에 그들이 반응해 주었다고 생각해요."

선거에서 압승을 거둔 후 〈예보니〉지를 통해 오바마가 한 말이다. 선거로 인해 오바마의 회고록은 재발간되어 베스트셀러가 되었다. 이로써 재정적 어려움은 사라졌고 그때까지 갚지 못했던 대학 학자금 대출금도 모두 갚을 수 있었다. 무엇보다 아내에게 약속했던 것, '예비 선거에서 승리하는 것, 총선거에서 승리하는 것, 그리고 책을 쓰는 것' 모두 지킨 셈이 되었다. 그 이후에 발간될 책인 〈담대한 희망〉에 대한 인세까지 선금으로 받았으니 말이다.

오바마는 사람들이 모두 불가능하다고 하는 일 앞에서도 자신과 자신의 신념을 믿어 의심치 않았다. 그리고 모든 편견과 어려움을 이

겨내고 상원의원 선거에서 승리를 따냈다.

이후 그의 대선 출마를 예견했던 것일까. 상원의원 선거 중에 만났던 아흔 살에 가까운 백인 여성은 오바마의 매력을 크게 칭찬하며 이렇게 말했다.

"오래 살아야겠어. 이 친구가 대통령에 출마하면 찬성표를 던져야 하니까 말야."

그리하여 네거티브 선거 전략을 내세우는 사람들을 제외하고는 그의 이름에 대해 반감을 가지고 있는 미국민은 거의 없어졌다. 오바마는 감동적인 연설과 사람됨, 객관적 능력 등을 통해 이름의 선입견을 뛰어넘을 수 있었다. 무엇보다 중요했던 것은 정치적인 성공이나 주변의 염려 때문에 자신의 이름을 피하려 하지 않았다는 것이다.

용감하게 맞서고 대처하는 것. 스스로에 대한 넘치는 자신감을 갖는 것. 그것이 버락 오바마의 힘이었다.

세상을 향해
출사표를 던지다

"저는 어느 누구도 대통령이 되기 전에는
대통령이 될 준비가 되어 있다고 확신하지 않습니다."

담대한 희망을 향하여

연방 상원의원이 된 버락 오바마는 민주당의 새로운 스타로 부상하기 시작했다. 전국의 민주당 정치인들로부터 연설부탁을 받았고 가는 곳마다 그의 연설은 성공적이었다. 그렇게 그에 대한 정치적 인지도와 지지는 아주 낮은 자리에서부터 시작해 급격한 상승세를 타기 시작했다.

상원의원 선서를 했던 2005년 1월에는 오바마라는 이름을 아는 사람이 거의 없었다면, 그로부터 채 2년이 지나지 않아 그는 '세계를 변화시킬 수 있는 10명 가운데 1명'이라고 평가받을 만큼 유명 인사가 되었다.

그리고 2006년부터 2008년의 대선은 조금씩 언급되기 시작했다. 뉴욕 상원의원 힐러리 클린턴이 2008년 대선 출마를 선언하기 전부터 그녀가 민주당에서 승리할 것이라고 예상되던 때였다. 오바마는 이 때 자신의 출마 가능성을 조심스럽게 밝혔다. 아직 확실한 결정을 하지 않았지만 그의 지지자들의 반응은 이러했다.

"그가 준비될 때까지 기다리고 싶지 않아요."

"전 버락을 지지할 준비가 되어 있어요. 우리는 6년을 기다릴 순 없어요. 상황이 악화될 테니까요."

자신을 한결같이 믿고 의지하는 이 같은 지지자들의 반응에 감사하며 버락 오바마는 드디어 2008년 미국 대선에 출마하겠다는 공식적인 선언을 하게 된다. 그리고 그가 민주당의 스타로 부상했던 것처럼, 힐러리를 제치고 많은 주의 예비선거에서 승리를 획득하는 등 대선 후보로서 승승장구하기 시작했다.

그의 표면적인 정치 경력은 분명히 길지 않았다. 그를 시기하는 시선들은 대선에 출마한 오바마를 상원 선거에 겨우 한 번 나갔고, 불과 3~4년'의 짧은 정치경력을 가진 풋내기라고 말했다. 그러나 그것은 시카고에서의 지역 사회 활동, 주 상원의원 활동을 제외한 워싱턴에서의 정치활동만을 평가했을 뿐이다.

사실 의회 안에서 이루어지는 정치보다 중요한 것은 오바마가 말했던 '풀뿌리' 정치이다. 그는 워싱턴에 입문하기 전까지 사람들 사이에서 부대끼며, 서민들의 눈물과 애환을 함께 겪고 들어왔다. 또한 민권 변호사로서 권리를 빼앗긴 가난한 이들을 위해 일했던 시간들이 있었다. 그러한 경험들은 워싱턴이라는 우물 속에서만 갇혀 지낸 정치인들의 오랜 경력보다 더욱 소중한 빛을 발하는 경력일 것이었다.

시카고에서 지역 사회 활동가로 일했던 경험은 그에게 공직 생활에 대한 결심을 하게 만든 계기이기도 하다. 그의 표현대로 하자면 그 시절이 '보통 사람이라도 비범한 일을 해낼 수 있다'는 믿음을 갖게 했다고 한다.

워싱턴 정치 컨설턴트인 톰 대셜은 이렇게 말했다.

"오바마는 정말 거물입니다. 그는 짧은 시간에 너무나 다양한 방식으로 발전해서 사람들 앞에 섰습니다. 그는 사회 다른 분야의 많은 사람들처럼 떠오르는 스타입니다. 우리는 그들을 '하룻밤 사이의 센세이션'이라고 부르죠. 하지만 그는 이 자리까지 오기 위해 일했습니다. 버락 오바마에게 하룻밤 사이인 것은 아무것도 없습니다."

미국인이 세계에서 가장 존경하는 인물

자신의 평가가 정확할 때가 있다. 오바마는 한 인터뷰에서 자신을 평가하기를, '나는 진보적 전통, 평등한 기회의 가치, 민권, 일하는 가족을 위한 투쟁, 인권으로 가득 찬 외교정책, 시민의 자유에 대한 강한 믿음, 환경을 위한 훌륭한 청지기가 되기를 원하는 것, 정부가 중요한 역할을 갖고 있다는 생각, 기회는 모든 사람들에게 열려 있는 것, 그리고 힘 있는 자들이 힘없는 자들을 짓밟지 않는다는 것 등에 자신의 가치관이 깊이 뿌리내린 정치인'이라고 했다. 스스로를 이렇게 평가하는 오바마는 확고한 가치관을 가지고 자신의 비전을 사람들에게 전달했다. 가치관이 확고한 만큼 그 누구도 설득할 수 있고, 지지자를 만들 수 있다는 자신감으로 넘쳤다.

"저는 어느 누구도 대통령이 되기 전에는 대통령이 될 준비가 되어 있다고 확신하지 않습니다."

"중요한 것은 경험 그 자체가 아닙니다. 도널드 럼즈펠드와 딕 체니는 워싱턴에서 가장 훌륭한 이력을 보유하고도 이라크에서 대실패를 했어요. 경험을 통해 훌륭한 결정을 내리는 사람이 과연 몇이나 됩니까?"

오바마의 이 말들은 힐러리와의 경쟁에서 '변화냐 경험이냐'를 놓고 사람들이 벌이는 설전에 중요한 키워드가 되었다. 사람들이 요구하는 것은 '전에 무엇인가를 해 본 적이 있는가' 하는 경험이 아니라,

그들이 원하는 것을 '할 수 있다고 생각하는' 용기였다.

오바마는 미국인들이 원하는 정치인의 훌륭한 자질을 갖추고 있었다. 케네디가 말한 '불확실한 미래에 대한 도전, 즉 용기'라는 자질 말이다. 그는 낡은 틀에서 벗어나 새로운 길을 향해 나아가기 위해 기존 질서에 대한 정치인 개개인의 도전이 필요하다고 생각했다. 또한 변화를 위해 반대 세력은 물론, 지지 세력과도 싸우고, 나아가 기득권을 버릴 각오를 해야 한다고 생각했다.

2008년 당시 워싱턴 D.C 전역에서는 〈그는 준비가 되어 있다. 왜 기다리는가? 오바마 '08〉이라고 적힌 자동차 범퍼 스피커를 쉽게 찾아볼 수 있었다. 심지어 대선 주자들의 요람이라고 불리는 아이오와 주에서는 그의 이름을 따서 아기의 이름을 짓기도 했다. 오바마를 향한 사람들의 열정이 그만큼 대단했다는 뜻이다.

그 결과 그는 민주당의 대선 후보 경선에서 힐러리 클린턴을 누르고 당당히 승리했다. 그리고 공화당의 대선 후보 존 매케인을 제치고 최초의 흑인 미국 대통령으로서 역사의 한 장을 새롭게 열었다.

정치인이 대중들의 존경을 받는 일은 드문 일이다. 특히 한 나라의 대통령에 대한 사랑과 존경이 넘치는 국민들이 존재하는 것은 더욱 드문 일이다. 만일 국민들로부터 전격적인 신뢰와 사랑, 존경을 받는 대통령이 있다면 그는 무한한 긍지와 막중한 책임을 함께 느낄 것이다. 버락 오바마는 미국인들로부터 그러한 존경을 받는 인물이었다.

오바마가 대통령으로 당선된 직후 USA투데이와 갤럽은 미국인 1,000여 명을 대상으로 '당신이 세계에서 가장 존경하는 인물은?'이라는 내용의 전화 여론조사를 실시했다. 그 결과 오바마 당선인이 전체 응답자 가운데 32%의 지지를 얻어 남자 부문 1위에 올랐다. 대통령 당선인이 1위에 오른 경우는 50여 년 만에 처음 있는 일이었다.

이 결과가 나온 것은 오바마가 세계적인 경제 위기를 극복할 적임자라는 국민들의 기대감이 반영됐다는 것을 증명한다. 그러나 국민들의 부푼 희망을 안고 출발하는 버락 오바마의 첫 임기의 출발 길에는 수많은 난제들이 쌓여 있었다.

Part 03

오바마 대통령의
정치철학

OBAMA

오바마의 의료개혁,
오바마 케어

서민을 위한 첫 번째 칼, 건보개혁

버락 오바마 대통령이 취임 직후 꺼내든 첫 번째 무기는 서민들을 위한 건강보험인 '공공 의료보험' 법안의 의회 통과였다. '정치란 풀뿌리부터 시작되어야 한다'는 정치철학을 견지해왔던 오바마는 서민이 가장 고통 받고 있는 부분부터 개선해야 한다고 생각했고, 이 의료보험 법안 상정을 시작으로 오바마 특유의 서민을 위한 복지정책의 서막이 열리게 된다.

오바마 자신도 의료보험에 대한 마음 아픈 경험을 한 적이 있다.

오바마의 어머니는 난소암으로 51세에 돌아가셨는데, 그녀는 병중에 있을 때 암보다도 보험이 자신의 치료비를 커버해 주는지를 더 걱정했다. 미국에서는 보험사의 보험료 지급 철회가 흔히 있는 일이기 때문이었다. 이 고통스런 상황을 직접 겪으면서 오바마는 서민층에게 공공 의료보험이 얼마나 시급한 일인지를 절실히 깨달았다.

그당시 미국에는 우리나라와 같은 공공보험이 없고 사보험만 존재했다. 돈이 없는 빈민층에게는 메디케이드, 65세가 넘은 은퇴자들에게는 메디케어라는 사회보장제도가 있기는 하지만, 그것만으로는 중병에 걸렸을 때 수술비나 검사비, 입원비 등의 큰 비용을 막아줄 수 없다. 그래서 65세 이하이며 빈민층이 아닌 사람들, 다시 말해서 미국 국민의 대다수를 차지하는 사람들은 '울며 겨자먹기'로 사보험을 구매해야 했다. 또한 메디케어와 메디케이드를 이용한 공공연한 사기 행각이 벌어져 주정부의 재정이 낭비되는 것도 문제였다.

그러나 미국의 보험회사들은 다양한 방법을 동원하여 보험료 지급을 기피한다. 예전 병력이라거나 보험회사에 밝히지 않은 증상 등등의 다양한 이유를 들어 의도적으로 피하는 것이다.

오바마의 계획은 사보험의 이러한 상술에 대항하는 공보험(Public option)을 안착시키려는 것이었다. 사보험과 경쟁하는 정부의 공보험을 실시하여, 사보험을 유지하고 싶은 사람은 사보험을 선택하고, 비싼 사보험료를 부담하기 어려운 사람들에게는 정부가 공보험을 저렴한 가격으로 공급하겠다는 것이 요점이다.

그러나 이러한 급격한 변화에는 저항이 있기 마련이다. 특히 기존의 사보험 체제에서 이익을 보았던 사보험사들과 의사연합은 오바마의 개혁의지에 반대하고 나섰다.

그동안 사보험사들은 적당히 지역을 나누어 갖거나 담합이나 카르텔 형성을 통하여 보험료를 올려왔다. 그러면 의사와 병원들은 환자들이 보험을 가지고 있다고 가정하고 의료수가들을 급격하게 올린다. 때로는 갖가지 핑계를 대면서 퇴원을 지연시켜 돈을 더 받으려 하기도 한다. 어차피 보험사에서 커버해주면 그만이라는 생각 때문이다. 이처럼 보험사와 병원이 단합을 하여 의료비를 올리고 있으니 서민들은 앉아서 당하는 도리 밖에 없다.

사정이 이렇다보니 미국에서는 보험이 없으면 손가락 봉합수술에도 6천만 원 이상의 큰돈이 들기 일쑤다. 하물며 암 같은 큰 병에 걸리면 어떤 사태가 닥칠 지는 불을 보듯 뻔한 일이다. 상류층의 사람들도 보험사가 보험료를 지급하지 않는 바람에 순식간에 집이 경매에 넘어가는 사례가 심심치 않게 발생하는 것이 미국 의료보험의 현실이었다.

또한 미국의 병원은 응급환자가 오면 어떠한 이유에서든지 인도적으로 치료를 해야 하는 것이 법적 의무이므로, 이로 인해 많은 의료비용이 발생하고 있었다. 하지만 돈과 보험이 없는 사람들은 당연히 의료비를 지불하지 못한다. 결국 국민들의 세금으로 이 비용을 소화

해야 하는데, 오바마는 이렇게 쓸데없이 응급실에서 낭비되는 비용을 줄여서 건보개혁을 위한 예산의 3분의 2를 충당할 수 있다고 주장했다.

서민들이 공보험이라도 갖고 있다면 병의 초기단계에 병원이나 약국에 가서 치료를 받을 수 있기 때문에, 병원비가 두려워 병을 키우다가 불필요한 응급비용을 낭비하는 일이 그만큼 줄어들 수 있다. 이렇게 절약된 비용을 건보개혁을 위한 예산에 투입하겠다는 것이다.

건보개혁을 위한 나머지 예산은 그동안 부당이득을 취해온 사보험사나 의료장비업체 등에 많은 세금을 부과하여 충당하겠다는 대안을 제시했다. 기본적으로 국가재정부채에 단돈 1달러도 악화시키지 않겠다는 뜻이다.

오바마의 이 개혁안은 일명 '오바마 케어'라 불리며 미국 전역을 떠들썩하게 했다.

사회주의화를 우려하는 일부 국민들

불합리한 보험구조를 개혁하기 위한 오바마의 개혁안에 사보험사와 의사단체 외에도 많은 국민들이 반대의사를 표했다. 가장 큰 이유는 국민들이 건보개혁을 잘 모르기 때문에 단지 변화가 싫다는 이유로 반대를 하는 것이었다.

사실 미국인들이 건보개혁을 반대하는 데는 몇 가지 미묘한 이유가 함께 하고 있었다.

첫째, 국민들은 돈 없는 사람들의 의료비까지 책임지고 싶지는 않다는 입장이었다. 공보험이 시작되면 많은 예산이 투입될 것이고 그 예산은 결국 국민들의 세금에서 나와야 할 것이라 오해한 것이다. 오바마의 재정계획은 국민들의 생각과는 달랐지만, 어쨌든 건보개혁을 위해서는 10년간 9천억 달러 정도 예산이 소요될 것이라고 오바마는 솔직하게 발표했다. 그러자 미국사람들은 그의 구체적인 재정계획을 살펴보기 이전에 미국정부의 늘어만 가는 적자재정에 대한 걱정이 앞서 반대를 하는 것이었다.

둘째, 일부 국민들의 사회주의에 대한 공포와 정부에 대한 불신이다. 공보험은 사회주의적인 아이디어일 수 있는데, 일부 미국인들은 사회주의를 공산주의의 직전단계로 오해하고 있다. 그래서 일부 미국인들은 오바마가 처음에는 공보험을 선택사항으로 했다가 나중에 전면적으로 시행할 것을 두려워했던 것이다. 또한 부시 시절까지 이어져 내려온 뿌리 깊은 정부에 대한 불신감으로 인해 미국인들은 정부가 나서는 것은 맨 마지막의 어쩔 수 없는 경우에 한해야만 한다고 생각한다.

셋째, 자유에 대한 갈망이다. '미국=자유'라고 할 정도로 미국은 개인 자유의 가치가 그 어떤 것보다도 상위에 있다. 최근의 경제대공황 이후의 최악의 경기침체도 금융의 자유경쟁이 가져온 부작용이었다. 그런데 공보험이 시작되면 의료보험시스템이 사회주의적으로 가서 기존의 자신의 주치의를 계속 유지할 수 없다거나, 전보다 훨씬 긴 줄을 서야하지 않을까 하는 두려움이 생겨났다. 미국사람들은 정부가 지시하는 것을 따르느니 손해를 보더라도 자기가 원하는 길을 택하고 싶어 한다.

이런 몇 가지 이유로 적지 않은 미국인들이 건보개혁에 대해 반대하고 있었다. 하지만 오바마는 물러서지 않았다. "내가 건보개혁의 마지막 대통령이 되겠다"고 선언한 오바마는 공화당은 물론 사보험사와 의사단체, 그리고 일부 국민들의 반대까지 극복하며 의료개혁을 관철시키기 위한 발걸음을 떼어놓았다.

의료개혁법을 실현한 최초의 대통령

2009년 6월 초에 "의회와 협력하여 올해 안에 의료개혁법안을 통과하겠다"는 공약을 발표한 오바마 대통령은, 그 다음 주의 라디오 연설을 통해 '3,000억불 이상의 새로운 메디케어와 메디케이드 절감 계획'의 윤곽을 밝히며, 국민들에게 그 중요성을 호소했다.

미국은 의료비용으로 다른 나라 보다 1인당 50%를 더 많이 지출한다. 최근 10년간 의료보험료는 두 배로 증가했고, 공제액과 현금지급액은 치솟고 있으며, 많은 사람들이 과거 병력으로 인해 보험가입을 거부당하고 있다. 모든 미국인들이 필요로 하는 의료비가 급등했다.

이러한 비용들은 큰 기업들의 경우에 외국 경쟁기업들과의 경쟁에서 불리하게 작용하고, 작은 기업들의 경우 복리후생이 줄어들고, 커버리지를 축소하거나 심지어는 정리해고를 하게 하는 등 기업에 악영향을 주고 있다. 반면에, 메디케어와 메디케이드는 연방정부 적자의 가장 큰 요인으로 작용하고 있으며 우리들의 자녀들에게 엄청난 부채로 남겨질 수 있는 상황이다.

우리는 이러한 추락을 계속할 수 없다. 나는 미국인들이 돈이 없어 진료를 받지 못하고 많은 가족이 건강보험이 없이 지내는 미래는 용납할 수 없다. 또한 기업이 어려워지고 국가가 파산하는 미래도 받아들일 수 없다. 우리는 행동해야 할 책임이 있고 또 지금 행동해야 한다.

오바마는 이후 각계각층의 반대를 무릅쓰고 의료개혁안을 밀어붙였다. 그 결과 2010년 3월 21일, "10년간 9천4백억 달러를 투입하여, 그동안 의료사각지대에 방치되었던 사람들까지 모두 건강보험혜택을 누릴 수 있게 하자"는 '의료보험개혁 법안'이 미 하원을 통과했다.

루스벨트 대통령의 선거공약 이후 민주당 출신의 수많은 대통령과 후보자들이 이를 추진했으나 실패했고, '의료보험 개혁이 내 삶이 최대 존재이유'라고 했던 에드워드 케네디마저도 2009년 사망하면서 사그라져가는 듯했던 100년 가까운 서민층의 숙원은 오바마에 의해 마침내 결실을 보게 된 것이었다.

의료개혁법안이 하원을 통과한 이후에도 오바마 대통령은 이 법안을 반대하는 세력과의 투쟁을 계속해야 했다. 특히 공화당은 오바마 대통령이 사회주의적 발상을 갖고 있다고 문제를 제기하면서 '색깔논쟁'을 벌였다.

오바마는 공화당의 논리에 흔들리지 않고 "재선에 실패하더라도 꼭 이루고 싶다"는 뜻을 확실히 하며 오바마케어를 고집했고, 공화당은 대법원에 의료개혁정책의 위헌판결을 신청했다. 그러나 2012년 6월 28일 미국연방대법원은 오바마의 의료개혁법을 국법으로 확정, 판결하면서 오바마케어의 손을 들어주었다.

이로써 3천~5천만 명의 가난한 국민들에 대한 국가의료보험 부여, 전 국민 의료보험 소지 의무화, 극빈자들에 대한 〈메디케이드〉 의료혜택의 존속, 26세 미만 젊은이들의 의료보험수혜 등이 실현가능해졌다. 또한 이 법안에는 정신병이나 마약류 중독에 대한 의료까지 포함되어 있어서 지역 공동체를 살리려는 많은 사람들이 기뻐했다. 이와 함께 미국은 그동안 세계 최고 부유국의 국민 대다수가 의료보험이 없는 부끄러움에서 벗어나게 되었고, 오바마 대통령은 의료 개혁을 미국 최초로 실현한 대통령으로 역사에 남게 되었다.

오바마 대통령은 자신의 무엇을 걸고라도 이루어 내겠다는 의지의 약속을 지켜냈고 그 약속이 그의 진정성에 기인하였기에 더욱 값진 것이었다. 오바마케어의 성공을 통해 그는 어려운 시대를 이끌어갈 능력을 갖춘 지도자로서의 면모를 유감없이 보여줄 수 있었다.

전쟁과 테러의
종식을 꿈꾸다

이라크 전쟁의 종식

오바마 대통령은 대외정책에 있어서 국제사회와의 협력 및 다원주의적 원칙을 기조로 삼았다. 즉 부시 행정부의 일방적이거나 동맹 위주의 양자적 접근방식의 한계를 인정하고 각국의 이해관계에 따라 유연한 대응방식을 취하겠다는 입장을 밝혔다.

이를 증명이라도 하듯 오바마는 취임한 지 한 달 만인 2009년 2월에, "앞으로 18개월 안에 이라크 주둔 미군 전투부대 철군을 마치겠다"고 선언하면서 이라크 전쟁의 종식을 시사했다. 일찍이 대선 후보 시절, '이라크에서 미국의 전투 임무는 2010년 8월31일 종료될 것'이라고 했던 미군 철군 공약의 실천에 나선 것이다. 또한 미군 철군 후에도 이라크의 지속적인 평화와 안전 확보를 위해 강력한 정치적, 외교적 지원을 아끼지 않을 것이라는 약속도 잊지 않았다.

이로써 2003년 부시 전 대통령이 이라크를 침공한 이후 9년 만에 이라크 전쟁을 종식 시키고, 동시에 미국의 대 이라크 전략도 군사정책 위주에서 외교와 정치 위주로 급선회하게 되었다.

오바마는 이라크의 장기적인 해결책은 군사적이 아니라 정치적으로 이루어져야 한다는 입장을 견지하고 있었다. '이라크의 미래를 결정하는 가장 중요한 결정은 반드시 이라크 인들의 손에 의해 이루어져야 한다'는 생각 때문이었다. 바로 이 지점에서 우리는 오바마의 정치적 신념, 즉 미국은 물론 세계의 인권 문제에 대해 침해가 아닌 존중을 우선해야 한다는 원칙을 엿볼 수 있다.

이라크 철군 발표와 함께 오바마는 "미국은 앞으로 중동문제를 다룰 때 이라크 문제뿐만 아니라 이란과 시리아까지 포함해 중동지역의 모든 국가와 원칙과 지속성을 지닌 관계를 추구해 나갈 것"이라는 입장을 표명했다. 이제부터 미국의 외교정책 기조가 상호협력과 대화에 기초한 스마트 외교로 전환됐음을 공포한 셈이다.

오바마 행정부의 이라크 철군 발표에 공화당과 보수층은 반발했다. 하지만 미국인들의 대다수는 장기화된 전쟁에 대해 피로감을 느끼고 있었기 때문에 오바마의 결정에 대해 찬성하는 분위기가 지배적이었다. 그리고 오바마는 약속대로 2011년 연말까지 6,000명 남은 이라크의 미군을 모두 철수시켰다.

공화당과 보수층의 반대에도 굽히지 않고 이라크 철군을 관철시킨 오바마는 2012년에는 아프가니스탄에서의 철군도 2014년까지 완수하겠다는 재선 공약을 내걸었다. 이는 국외정책에 대해 다원주의적 노선을 걷겠다는 오바마의 정치노선을 그대로 보여주고 있다.

오바마의 다원주의 정책은 미국 국내뿐만 아니라 해외의 광범위한 지지를 끌어냈다. 이 다원주의 노선은 이후 오바마의 재선 당시 유권자들의 과반수 이상이 '오바마의 외교노선을 지지하겠다'고 답하면서 오바마 재선의 결정적인 이슈로 떠오르게 되었다.

노벨평화상을 수상한 대통령

2009년 10월 9일, 노르웨이 노벨위원회는 '버락 오바마 미국 대통령이 올해 노벨평화상 수상자로 선정되었다'고 발표하여 전 세계를 놀라게 했다. 오바마 대통령이 전임 대통령이던 부시의 일방주의 외교정책에서 급선회하며 반전정책을 편 것이 높게 평가된 것은 사실이다. 하지만 취임 후 아직 10개월 밖에 안 된 시점에서, 그것도 뚜렷한 외교적 성과를 내지 못한 상태에서의 수상이라는 점은 논란거리가 될 만 했다.

노벨위원회는 "오바마 대통령이 국제무대에서 탁월한 외교적 능력을 발휘했고 세계 민주주의 증진과 인종·종교 간 장벽을 넘는 계기를 만들었다"며 선정 이유를 설명했다. 그리고 오바마 대통령이 2009년 1월 취임 이후 교착 상태에 빠진 중동평화회담 재개와 군축을 위해 노력해 온 점 등을 수상 이유로 꼽았다.

그러나 오바마 대통령이 노벨상에 선정된 이후 여러 가지 말들이 많았다.

"오바마가 미 역사상 첫 흑인 대통령이라서 세상 사람들로부터 과대하게 지나친 동정이나 격려와 주목을 받으며 얼떨결에 노벨상을 받았다."

"짧은 임기 동안 세계평화는 고사하고 국내 문제만 해도 통과시킨 법안이나 정책, 시민복지를 위해 이룬 성과가 없으니 평화상을 수상하기에 과분하고 지나치다."

심지어 "오바마는 행실은 없고 말만 앞세우는 허풍쟁이 대통령"이라는 말도 나왔다.

그러나 이 말들은 사실 오바마에 대한 객관적인 평가라기보다는 공화당 원내대표들과 지지자들이 내세우는 정치적 공격의 성격이 더 강했다.

한 가지 분명한 것은 오바마가 단지 개인의 인기 상승과 국민을 현혹시키기 위해 달성 불가능한 안건을 내세우거나 정책을 주장하는 인물은 아니라는 것이다. 이는 오바마의 대선 과정 중에도 확인된 바 있다.

건강보험과 제도 개혁은 노벨상을 수상할 당시만 해도 공화당과 민주당이 합의점에 다다르지 못하여 결국 부결되었지만, 오바마는 포기하지 않고 지속적으로 추진 중에 있었다. 또한 오바마 행정부가 공약하는 정책들은 솔직하고 구체적이었으며, 반대하는 세력들과의 타협점을 찾고 모든 관련부처와 행정, 기관과 단체, 그리고 국민들의 이해관계를 맞추기 위한 노력을 아끼지 않았다. 이 모든 이들의 이해 관계를 한 곳으로 모으는 일은 불가능에 가까웠지만, 오바마 대통령 은 그 불가능을 향해 끊임없이 도전하고 있었다.

오바마 노벨상 수상의 배경의 또 하나의 이유로는 오바마 취임 시 기가 전 대통령 부시 행정부가 남긴 부채와 정리해야 할 문제들이 쌓 여있는 시점이었다는 것이다.

부시행정부 임기 8년 동안 공화당이 내세운 정책들 중 서민을 위 한 정책들은 찾아보기 힘들었다. 오히려 부시 임기 동안 테러 사태가 발생했고 대통령은 국가안보 목적의 이유로 테러와의 전쟁을 선포했 으며, 이라크 전쟁을 시작했다. 그와 함께 멕시코 불법이민자들을 더 철저히 단속하고 추방했으며, 소수민족을 전과 다른 시각으로 보는 분위기가 사회 전반에 팽배해 있었다.

국가 안보의 중대한 과제가 대두되면서 그 외 연합국과의 국제적 관계뿐만 아니라, 국내 시민생활상을 개선시키기 위한 입법안이나 이슈, 정책들까지 뒤로 가려지거나 아예 사리지기도 했다. 미국은 전쟁 중이고 최대안건은 국가안보이며, 시민복지와 건강개혁 등의 국내 이슈들은 그 다음 문제라는 주장이 합리화되었다. 마치 둘 중의 하나를 골라야 한다는 분위기였고, 미국인은 물론 전 세계 사람들은 이에 홀리듯 수긍할 수밖에 없었다.

그러나 오바마 대통령은 취임 직후 중동평화회담 개최와 군축 등의 움직임을 보이며 테러와 전쟁으로 얼룩진 현대사를 다시 쓰려는 움직임을 보였다. 그것이 섣부른 희망이든 때 이른 평화주의든 부시 행정부 시대의 전쟁 상황을 종결지으려는 의지로 나타났다는 것이 노벨상 수상의 배경일 것이다.

또한 부시 행정부가 남겨놓은 대규모의 부채를 해결하기 위해 국가 예산을 대량 투입해야 하는 시점에 대통령이 된 오바마는, 건국 이래 두 번째의 경제위기를 맞고 있는 미국을 구해내야 하는 입장에 서게 되었다. 미국에서 많은 개혁과 큰 변화가 이루어져야 할 수 밖에 없는 이 중요한 시점에, 젊은 대통령 오바마가 맡아야 할 업무와 책임은 막중했다. 노벨평화상 수상이 오바마에게 수여된 의미는 앞으로 미국의 정책이 국내외적으로 큰 변화를 겪게 될 것이며, 또한 그럴 수밖에 없다는 사실을 시사하고 있었다.

미국은 나아가야할 방향을 바꿔야 할 시점에 있었다. 어떤 방향으로 나아가야 하며 변화되어야 할 경제구조 및 정책, 국민의식 등은 구체적으로 어떠해야 하는지 해답이 없었던 바로 그 시기에 오바마는 노벨상을 수상한 것이다. 하지만 오바마는 국민들에게 변할 수 있다는 희망을 심어주었고 국민들은 그를 믿고 대통령으로 뽑았으며, 노벨평화상이 주어지면서 전 세계가 또 한 번 오바마의 행보에 주목하게 되었다.

오사마 빈 라덴 사살

미국인이라면 2001년에 발생한 9·11 테러사건을 절대로 잊지 못할 것이다. 이 테러로 인해 3,000여명의 가족과 친구를 잃은 미국인들에게 그 배후인물인 오사마 빈 라덴은 오랜 시간 동안 '공공의 적'이었다.

오사마 빈 라덴을 체포하려는 노력은 클린턴 정부 때부터 시작되었다. 9·11 사태가 일어나기 전인 2000년까지 클린턴 대통령은 빈 라덴을 사살하거나 생포하기 위한 추격전을 계속했다. 9·11 사태 직후 부시 행정부는 빈 라덴의 체포나 제거에 결정적인 제보를 하는 사람에게 2백 5십만 달러를 제공하겠다고 발표하였으며, 훗날 2007년 7월 13일 이 금액은 두 배인 5백만 달러로 올랐다.

빈 라덴 체포를 위한 노력에는 오바마 대통령 역시 예외가 아니었다. 2008년 10월 7일 제2차 대통령 후보 토론에서 오바마는 "오사마 빈 라덴을 죽이고 알카에다를 박살내는 것이 국가 안보의 최우선 과제"라고 말하며 테러의 종식을 선언했다.

당선 후 오바마 대통령은 후보 시절의 약속을 잊지 않고, 알카에다 지도자 오사마 빈 라덴을 잡는데 주력하였다. 그를 잡기 위한 3만의 병력을 빈 라덴이 은신하고 있다고 알려진 아프가니스탄에 추가로 파병한 것이다.

아프가니스탄에서 빈 라덴을 찾지 못하고 지루한 시간을 추적하던 오바마 행정부에게 2011년 4월 29일, 드디어 오사마가 파키스탄 아보타바드 인근에 있다는 정보가 입수되기에 이른다. 오바마는 지체 없이 이 지역을 수색하여 빈 라덴을 체포하기 위한 작전에 서명하였고, 마침내 2011년 5월 1일 오사마 빈 라덴은 오바마가 서명한 비밀 작전에 의해 파키스탄 아보타바드에서 미국 네이비씰 대원들에게 사살되었다.

그리고 미국 시각 2011년 5월 1일(파키스탄 시각 5월 2일)에 오바마 대통령은 오사마 빈 라덴이 사살되었으며, 그의 유해는 미군에 의하여 수습되었다고 발표하였다. 오바마는 이 발표에서 미군이 민간인의 피해를 야기하지 않기 위해 만전을 기하였다고 침착하게 덧붙였다.

"오늘 밤은 9·11 당시 팽배했던 단합의 의미를 느끼게 한다."

오사마 빈 라덴의 죽음으로 축제 분위기에 빠진 미국인들을 향해 오바마는 최대한 감정을 억누른 채 대응하며 자신의 공을 굳이 내세우지 않았다. 나흘 뒤 9·11 테러 현장인 '그라운드 제로'를 찾았을 때는 침묵의 헌화를 했다. "축하공연은 필요 없다"는 것이 당시 그의 입장이었다.

그러나 오사마 빈 라덴의 사살은 미국 경제를 부활시키는데 난항을 겪고 있는 오바마에 대한 국민들의 지지를 다시 끌어올리는 계기가 되었다. 그리고 바로 다음 해에 이어진 재선에서 오사마 빈 라덴 카드는 오바마의 공적 중 하나로 사용될 수 있었다.

이라크 철군과 테러조직 지도자 오사마 빈 라덴을 사살한 오바마는 아프가니스탄에서의 철군도 약속하면서, '전쟁과 테러가 없는 세상'을 만들겠다는 공식 입장을 천명하며 재선을 향한 발걸음을 옮기기 시작했다.

서민을 위한
경제개혁 의지

    미국은 여전히 힘겹다. 경제위기에 봉착했던 2008년 이후, 전쟁을 통한 국가팽창 전략에는 제동이 걸렸고, 미국 중심의 일극적 체제(unipolar system)는 이전처럼 가동하기 어려워졌다. 이런 맥락에서 오바마 대통령의 재선은 미국의 생존방식에 일대 변화를 예고하는 사건이었다.

    하지만 지난 4년 동안 오바마의 정치경제적 운신은 생각보다 좁았다. 각료 구성에 있어서도 오바마는 공화당을 중심으로 하는 신보수주의 세력 일부를 정치적으로 상속받았고, 복지정책 확대 요구와 정부의 부실재정이 서로 충돌하는 모순 속에서 자신의 입지를 확보해야 했다. 오바마 1기는 이런 과정을 통해 그가 그토록 부르짖었던 '변화'의 구도가 현실정치에 안착하려는 단계였다고 할 수 있다.

새로운 시대로의 변화는 기본적으로 구질서의 퇴각 내지는 해체가 전제되어야 한다. 하지만 대통령 임기 4년으로 그런 변화를 완벽하게 실현한다는 것은 불가능한 일이었다. 게다가 오바마 자신의 지도력과 개성은 기존 질서에 일정하게 포위되어 있어, 그 파워를 제대로 발휘하기가 어려운 상황이었다. 그러자 그를 뽑아준 유권자들은 차츰 실망하기 시작했다.

그럼에도 불구하고 그의 재선이 가능했던 것은, 2008년 경제위기가 그의 책임이 아니라 부시 정권이 저질러놓은 일이라는 것을 유권자들이 생생하게 기억하고 있기 때문이었다. 또한 4년이라는 짧은 시간 안에 산적한 문제를 한꺼번에 해결한다는 것은 무리라는 것도 인정한 결과였다.

오바마 지지율 하락

서민들을 위한 경제개혁을 추구하는 오바마는 취임 초기부터 부시 시절에 무너진 경제를 살리기 위해 악전고투 했다. 그러나 2011년 8월에 실시된 갤럽의 여론조사에 의하면 오바마의 국정수행 지지율이 39%로 나타났으며, 오바마 대통령을 지지하지 않는다는 응답도

54%였다.

국정수행 지지율의 하락 원인은 경제 때문이다. 2011년 5월 여론 조사 때는 오바마의 경제 정책 지지율이 26%에 그친 반면, 지지하지 않는다는 대답은 71%였다. 재정 적자와 국가 부채에 대한 오바마 대통령의 대응과 관련해서도 24%만이 지지한다고 답했고, 일자리 창출에 대한 지지율도 29%에 불과했다.

이러한 지지율의 하락은 미국 경제가 나아질 기미가 안 보인다는데 이유가 있다. 특히 2011년 8월의 신규 고용은 66년 만에 처음으로 제로(0)를 기록했다. 월간 신규 고용이 0을 기록한 것은 1945년 2월 이후 처음 있는 일이었다. 신규 고용이 없다는 것은 일자리 창출이 전혀 되지 않았다는 것을 의미한다.

공화당은 오바마 대통령의 아킬레스건이 경제라는 것을 재빨리 알아채고 전략적으로 이를 집중 공략해왔다. 공화당이 2010년 11월 2일에 실시된 중간선거에서 민주당에 압승한 것도 바로 경제 때문이었다. 435명을 선출하는 하원 선거에서 민주당은 2년 전에 비해 무려 67석을 잃은 187석에 그쳐 소수당으로 전락했다. 반면 공화당은 60석이 늘어난 239석을 확보하면서 다수당을 차지했다. 상원에서는 전체 100석 중 민주당이 53석을 차지하여 가까스로 다수당의 자리를 지켰지만, 공화당과의 의석수 격차가 2년 전 16석에서 6석으로 크게 줄어들었다.

오바마와 공화당의 경제전쟁

민주당의 지지율이 하락한 이유는 높은 실업률과 막대한 재정 적자 때문이었다. 당시 실업률은 9.6%를 기록하며 17개월간 고공행진을 계속하고 있었다. 실업자 수가 1,500여만 명에 달했고, 재정 적자도 2009회계연도 기준으로 1조 4,200억 달러로 GDP 대비 9.9%를 기록했다. 그러자 공화당은 어려운 경제상황을 앞세워 오바마와 민주당을 몰아세웠다.

하원을 장악한 공화당은 감세 조치 연장 문제를 놓고 오바마 대통령과 '제1차 경제전쟁'을 벌였다.

공화당은 연소득 25만 달러 이상의 부유층을 포함한 모든 소득 계층에 대한 감세 조치를 연장하자는 입장이었지만, 오바마는 이에 결사적으로 반대했다. 그러자 공화당은 오바마가 2010년 말로 끝나는 감세 조치를 연장하지 않을 경우, 의회에서 민주당이 주도하는 모든 법안 처리를 봉쇄하겠다고 강경하게 맞섰다.

오바마 대통령은 고심 끝에 공화당 지도부와 만나 타협안을 도출했다. 공화당의 요구대로 모든 소득 계층에 대한 감세 조치를 2년 연장하고, 개인당 상속분 500만 달러까지는 상속세를 면제하되 세율을 35%로 하기로 했다. 또 모든 월급생활자의 사회보장세를 2%포인트 경감하는 내용을 비롯해 일부 가구에 대해 대학등록금 세액공제

연장, 금융소득 최고세율 2년간 유지 등도 포함시켰다.

민주당 일각에서는 감세 연장에 따라 재정 적자가 심화될 것이라며 반대했지만, 오바마로서는 재선 이후 제대로 된 개혁을 실현하기 위한 기회를 얻고자 한 걸음 물러선 것이었다.

공화당과 오바마 대통령은 국가 부채 한도 상향 조정 문제를 놓고 '제2차 경제전쟁'을 벌였다.

미국은 당시 국가 부채 상향조정 법정 시한까지 국가 부채 한도를 상향하지 않으면 국채 이자를 지급할 수 없어서 디폴트(채무불이행)를 선언해야 하는 위기에 직면해 있었다. 오바마 대통령과 공화당은 막대한 재정 적자를 어떻게 줄일지를 놓고 팽팽하게 맞섰다.

오바마는 부채한도를 증액하자는 입장이었지만, 공화당은 정부의 재정지출을 줄이자는 '작은 정부'를 내세우며 압박을 가해왔다. 공화당의 공세에 밀린 오바마 대통령은 결국 타협안을 도출하게 되었다. 국가 부채 상한선을 2조 1000억 달러 증액하기로 하고, 향후 10년간 1조 달러의 재정 지출을 삭감하며, 여야 의원 동수로 구성된 특별위원회를 통해 1조 5000억 달러를 추가 삭감하기로 합의했다. 부채 한도를 증액하자는 오바마의 '큰 정부' 논리에서 일단은 물러서서 공화당의 '작은 정부' 제안과 타협한 것이다.

이로써 오바마 대통령은 미국 사상 첫 디폴트라는 재앙은 막았지만, 공화당에 항복하는 모습을 보임으로써 지지층의 등을 돌리게 했다. 당시의 상황에서 최악의 선택은 재정 지출 삭감이었는데, 이 타결안은 미국 경제를 더욱 침체시킬 것이라는 전망도 나왔다.

국가신용등급 강등

국가 부채 협상 타결로 한숨 돌리자마자 오바마 대통령은 국가신용등급 강등이라는 사상 초유의 사태로 뒤통수를 얻어맞게 된다.

세계 3대 신용평가사 중 하나인 스탠더드 앤드 푸어스(S&P)는 2011년 8월 5일, 세계 최고 수준인 미국의 국가신용등급을 'AAA'에서 'AA+'로 한 단계 강등했다. 이와 함께 S&P는 향후 12~18개월 내에 미국의 신용등급을 추가 강등시킬 수 있음을 시사했다. 그 이유에 대해 S&P는 미국 의회와 행정부가 최근 증세에 합의하지 못한 점을 반영했고, 증세는 중기적으로 재정 적자를 줄이는 데 필수적인 조처라고 지적했다.

이는 공화당과의 경제전쟁에서 오바마 대통령이 타협했다는 것에 대한 비판으로, 오바마 대통령에게 큰 타격을 주었다. 오바마는 8월 8일 이에 대한 성명에서, "일부 신용평가기관이 뭐라고 하든지 우리는 언제나 'AAA' 등급 국가였고 앞으로도 그럴 것"이라고 반박했지만, 이와 상관없이 주가는 폭락했다.

이에 대해 〈워싱턴포스트〉는 "세계에서 가장 강력한 사람이 나라와 자신의 대통령직이 망가지고 있는데도 이상하게 힘이 없고 결단력이 없어 보였다."고 지적했다. 미국의 국가신용등급 강등은 지금껏 단한 번도 발생한 적이 없는 사태이며, 원인에 관계없이 비판의 화살은 오바마 대통령을 향하고 있었다.

일자리 창출을 둘러싼 제3차 경제전쟁

공화당에 대한 두 차례에 걸친 경제전쟁 패배에도 불구하고 오바마 대통령은 마지막 승부수를 던졌다. 2011년 9월 8일 상·하원 합동회의 연설을 통해 일자리 창출 방안을 비롯한 경기부양책을 발표한 것이다.

"국가적 위기에 당면해 우리가 정치적 서커스를 중단하고 경제를 살리기 위해 실질적으로 무엇을 할 수 있느냐가 관건"이라며 오바마 대통령은 의회에 '미국 일자리 법안'을 제안하고 이를 될 수 있는 한 빨리 통과시켜달라고 촉구했다.

이 법안의 구체적인 내용은 봉급 근로자의 급여세를 절반으로 감면하는 방안이었다. 2010년에 4.25%로 낮춘 급여세를 3.1%로 더 낮추겠다는 것으로, 세금 감면 규모는 2,450억 달러였다. 이는 2011년 연말에 6.2%로 환원할 예정이던 급여세 세율을 절반 수준으로 오히려 더 낮춘다는 의미이기도 했다. 아울러 사회보장기금을 지원받는 중소기업에 대한 세율도 기존 6.25%의 절반인 3.1%로 인하할 계획이었다.

오바마 대통령은 이와 함께 학교시설 현대화, 교통기반 프로젝트 등 사회적 생산기반 건설 지출에 모두 1050억 달러를 투입하고, 실직자 600만 명의 실업수당 연장을 위해 490억 달러를 지원하겠다고 공언했다. 또한 최소 3만 5,000개 학교 시설이 현대화 시킬 것이며, 교사들과 응급대원 해고를 미루는 주정부를 지원하기 위해 350억 달러를 추가로 투입하여 일자리 28만 개를 지키겠다고 약속했다.

오바마의 이러한 승부수는 효과를 발휘하여 당시 9.1%에 이르던 실업률이 2012년 9월에는 7.8%까지 떨어지는 성과를 거두었다.

경제개혁 문제에 있어서 공화당과의 전쟁에서 잇단 실패를 겪은 오바마였지만, 그것은 재선을 위한 밑받침에 불과했다. 그래서 감세나 국가부채한도 문제에 있어서는 타협을 하며 굽히고 들어갔지만, 자신의 실패를 감내하면서도 앞으로 더 나아질 것이라는 비전을 잃지 않았다. 국가신용등급이 강등된 것에 연연하지 않고 일자리 창출에 사활을 걸어 서민들의 생활기반을 마련하는 데 집중한 것이다.

이처럼 각종 경제적인 악재에도 불구하고 오바마 대통령이 재선에 당선될 수 있었던 것은, 코너의 끝까지 몰릴 때에도 서민들의 입장에 선 정책을 실현하려 최선을 다한 오바마의 진정성이 서민들을 감동시켰기 때문이라 할 수 있다.

부자증세 '버핏세'

오바마 대통령이 가장 신뢰하는 재계 인사는 워런 버핏이다. 오바마는 민주당 대선 후보 시절 한 TV토론회에서 "차기 재무장관으로 누구를 지명할 계획이냐?"는 사회자의 질문에 "버핏 회장"이라고 답했다.

오바마는 대통령이 된 이후에도 각종 경제 현안에 대해 버핏 회장으로부터 조언을 들어왔고, 버핏 회장 역시 오바마 대통령을 지지해 왔다. 2011년 9월에 오바마 대통령의 재선을 위한 모금행사를 개최했던 워런 버핏은, 같은 해 8월 〈뉴욕타임스〉에 기고한 '거부 감싸기를 중단하라'는 제목의 글에서는 '연소득 100만 달러 이상의 부자들에게 증세를 해서 재정위기를 돌파하라'고 촉구하기도 했다.

부자 증세는 오바마 대통령이 집권 때부터 추진해 온 정책 목표로, 버핏의 이 기사에서 아이디어를 얻은 오바마 대통령은 이른바 '버핏세'를 주장하기 시작했다. 국가 부채 한도 상향조정 협상에서 리더십 부족과 국가신용등급 강등 여파로 지지율 추락의 쓴 맛을 보고 있던 당시의 오바마 대통령은 누구보다 버핏의 주장을 환영했다. 그리고 재정적자 감축 방안의 하나로 연간 100만 달러 이상을 버는 백만장자들에게 미국 중산층 가정들이 내는 소득세와 비슷하게 최저세를 도입하겠다고 발표했다.

당시 미국의 세제에 따르면 봉급생활자들의 경우 10~35%의 세금을 내는 반면 이자, 주식 배당금 등 금융소득자들의 경우 엄청난 수익에도 불구하고 15%만의 세금을 내고 있었다. 전체의 0.3%에 해당하는 부자들을 대상으로 한 이 제안은 부자들의 소득세율을 최소 30%로 높이자는 부자과세법이다.

이 버핏세는 공화당의 반대에 밀려 번번이 실패했다. 2011년 11월에 슈퍼위원회가 "재정적자 감축을 위한 타협안 마련에 실패했다"고 공식 선언함으로써 무효화된 것이다. 그러나 2012년 2월 13일 오바마 대통령은 또다시 경기부양과 부유층 증세에 관한 버핏세 도입 예산안을 내놓았다.

"계층 간의 갈등을 심화시킨다"는 공화당의 주장과는 관계없이 '서민들을 위한 정치'를 펴겠다는 오바마는 숱한 실패에도 불구하고, 서민을 위한 경제개혁 의지를 관철시키고자 2012년 4월, 다시 상원에 버핏세 법안을 상정시켰다. 그러나 이 법안은 찬성 51표, 반대 45표로 부결되었다. 공화당 의원 대부분이 반대표를 던진 결과, 법안을 계속 심의하기 위한 찬성 60표를 얻는데 실패한 것이다.

그러나 오바마와 민주당은 이 결과에 굴하지 않고 버핏세를 2012년 대선의 최대 이슈로 설정하고 관련 법안 통과를 끝까지 밀어붙였다. 따라서 오바마 2기 경제개혁 시대를 열면서 버핏세는 또 한 번 이슈로 떠오를 전망이다. 이미 각종 여론조사에서 국민의 절반 이상이 지지하는 것으로 나타난 버핏세는, 늘 서민들의 편에 서서 경제를 운용하고자 하는 오바마의 정치철학을 여실히 드러내는 법안이라 할 수 있다.

다원주의적 대외정책

오바마 1기 대외정책의 허와 실

오바마의 취임 이후 미국이 대외정책에서 이룬 업적들을 돌아보면, 오바마의 다원주의적 외교정책 노선을 잘 알 수 있다. 오바마는 대화와 협력을 위주로 하는 다자주의적 노선, 즉 각국의 자유의사를 존중하는 외교정책을 일관적으로 추진해 왔다.

이는 '오바마 독트린'이란 오바마의 외교적 철학에 힘입은 바 크다. 오바마 대통령은 전임 부시 행정부와의 차별화에 역점을 두고 일방주의와 군사주의를 버리고 대화와 다자주의를 추구하겠다는 '오바마

독트린'에 기초를 두고 외교정책을 펼쳤다.

그 결과 우선 국제사회에서 미국의 위치는 이라크 전쟁 직후보다 많이 나아졌다. 지도부의 잇단 죽음으로 알카에다는 껍데기에 불과한 조직이 되었고, 중동에서는 자유화의 바람이 불게 되었다. 단 한 명의 미국인 사상자도 없이 무하마르 카다피의 독재가 끝난 것이다.

이라크 철군과 아프가니스탄 철군계획으로 미국의 이 나라들에 대한 지출은 점점 줄어갔으며, 아시아 태평양 지역의 많은 나라들이 미국과 선린관계를 강화하려 하게 되었다. 오바마는 이외에도 동북아와 나토의 동맹들과 협력하면서 미국의 대외정책에서 의미 있는 성과들을 거두어 들였다.

그러나 다른 면에서 보면 오바마 1기의 대외정책은 여러 모로 실패한 것들도 산재해있다. 우선 기후변화 문제를 들 수 있다.

2008년 대선 시 오바마 진영에서는 '기후변화'를 대대적으로 들고 나왔다. 취임 첫 해에는 코펜하겐 정상회담에도 참석하는 등 기후변화 문제에 큰 관심을 기울였다. 그러나 온실가스 배출을 줄이는데 소요되는 예산을 늘리고자 하는 오바마에게 국회는 재정적자를 이유로 심한 반대를 했고, 이로 인해 인류의 미래가 달린 이 중차대한 문제에 오바마 행정부는 에너지 법안을 하나도 입안시킬 수 없었다.

이스라엘-팔레스타인과의 관계에 있어서는 예전보다도 그 상황이 안 좋아졌다. 오바마는 취임 이후 지속적으로 이스라엘과 팔레스타인의 평화협정을 위해 노력해 왔지만 이스라엘의 강경안으로 번번이 벽에 부딪쳤다. 특히 새로 들어선 아랍 지역의 정권들은 이스라엘에 반하는 대중의 요구에 전보다 훨씬 더 민감하게 반응하고 있어, 중동 지역에서의 미국의 입지는 크게 축소되었다.

그러자 오바마 대통령은 2011년 5월 19일 "이스라엘과 팔레스타인 국경선을 지난 1967년 당시에 근거해야 한다"고 선언했다. 양국이 서로 영토를 주고받는 데 합의함으로써 안정적이고 명확한 국경선을 설정할 수 있을 것이라는 입장을 밝힌 것이다.

이러한 오바마의 신중동정책은 이스라엘이 제3차 중동전쟁을 통해 동예루살렘과 요르단강 서안, 가자 지구 등을 점령하기 이전 상태로 돌아가야 한다는 것을 의미하며, 이스라엘과 이스라엘을 옹호해 온 세력에게는 '배신'으로 받아들여질 만큼 폭발력이 큰 노선 변화였다.

미국 대통령이 이스라엘에게 배신에 가까운 모습을 보이며 팔레스타인의 입장에 동조하는 노선을 공개적으로 밝힌 것은 처음이었다. 오바마로서는 이스라엘이 양보함으로써 양국의 평화를 끌어내고자 했으나, 이에 네타냐후 이스라엘 총리는 "이스라엘은 팔레스타인과 국경에서의 어떤 철수도 반대한다"고 즉각 반발했다. 그리고 2012년 11월 이스라엘은 팔레스타인 가자기지에서 하마스와 무력충돌을 일으키며 두 국가 간의 갈등은 더욱 심각한 상황으로 치닫게 되었다.

이란문제 역시 오바마 행정부는 초기에 단숨에 해결할 듯 나섰지만, 4년이 지난 지금 조금의 진전도 보이지 못하고 있다. 친화적인 이슬람 정책을 펼치던 오바마 대통령은 2012년 9월, 이란의 핵무장을 저지하고 이스라엘과 페르시아만 국가들의 안보를 지키겠다는 의지를 보이며, "미국의 원조는 상호 이익과 존중 위에서만 가능하다"고 강조했다. 특히 중동지역에서 일고 있는 민주화 바람을 지원하되 이란의 핵 개발로 대표되는 평화를 위협하는 행위에 대해서는 '레드라인(금지선)'을 설정해 저지할 것이라는 뜻을 밝혔다.

지난 4년간 미국에 친화적인 이슬람권을 만들기 위해 공들여온 오바마 정부의 대중동 정책이 이리 치이고 저리 치이다 보니 전략 수정이 불가피했던 것이다. 그러나 대선 40일을 남겨놓고 불거진 이슬람권 지역의 반미시위는 롬니 후보에게 오바마의 외교정책을 비판할 빌미만 제공하고 말았다.

아프가니스탄에서는 일말의 희망을 기대할 수 있을 것 같았지만 미국이나 나토가 아프간의 정치적 미래를 결정하기는 굉장히 어려워 보인다. 2014년까지 아프가니스탄에서 철군을 할 것이라 약속을 해놓은 오바마이므로, 그 약속이 실현될 것에 기대를 걸어보는 수밖에 없다.

오바마 행정부가 들어서면서 미국과 파키스탄의 관계는 더 악화되었다. 파키스탄은 반미정서가 만연하고 정치적으로 불안정하며 무엇보다 핵을 보유하고 있다. 또한 오사마 빈 라덴을 오랫동안 숨겨준 파키스탄과의 관계를 우호적으로 유지하는 일은 빈 라덴을 사살한 오바마 대통령에게는 그만큼 부담이 되는 일이다.

리비아와의 관계를 보자면, 중동의 민주화 바람이 확산되며 42년간에 걸친 카다피 통치를 종식하기 위한 움직임이 리비아 내부에서 진행될 때도 오바마 대통령은 철저하게 미국의 역할을 제한했다. 리비아를 상대로 국제사회가 대규모 군사작전을 시작했지만 오바마는 이를 "제한적 군사작전(limited military action)"이라고 불렀다. 작전지휘권도 나토에 일임하고 미국은 군사적 지원 역할을 할 것이라고 선을 그었다. 미국 내 보수 진영 일각에서 주장하던 지상군 파견은 아예 배제했다.

이후 리비아 사태가 6개월째에 접어들던 2010년 8월말 결국 카다피 정권은 반군의 공격에 밀려 퇴각했다. 이어 두 달 만에 카다피가 사살되고, 리비아의 내전이 종식되는 상황에 접어들었다. 리비아 사태의 급반전이 현실화되자 "오바마 대통령의 선택이 결국 옳은 게 아니냐?"는 여론이 미국 내에서 확산되었다. 단 한 명의 미국인의 희생도 없이 카다피를 없앴다는 것에 미국인들은 자랑스러워했다.

하지만 리비아의 미래에 대해 과도하게 희망적으로 보는 것은 아직 시기상조이다. 리비아 문제가 악화된다면 대화와 다자주의를 추구하는 '오바마 독트린' 외교정책은 흔들리고 말 것이기 때문이다.

2009년에 잠깐 오바마 행정부가 특사를 파견하며 북한을 우선순위 과제로 여겼던 적이 있다. 하지만 그 후에 나타난 외교적인 성과가 굉장히 빈약했다. 심지어 북한은 천안함을 침몰시키고 연평도를 포격하는 도발을 감행했다. 북한의 핵 프로그램은 아직도 건재하다. 이런 일련의 사건들을 계기로 예전보다 한미 관계가 발전되기는 했을 것이다. 그렇지만 오바마 행정부가 북한을 다루는데 부시보다 나은 점은 없어 보였다.

그러나 2012년부터 북한을 감싸는 듯한 중국을 집요하게 설득해 2013년 6월 8일 캘리포니아주 서니랜드에서 벌인 중국 시진핑 주석과의 정상회담에서 "북핵을 용납 하지 못한다"는 북한 문제 공감대를 끌어 내었다.

이 정상 회담은 미국이 중국을 G2로 공식 인정하는 '신형 대국 관계'로의 새로운 질서체제로 앞으로 세계에 미칠 영향이 주목된다.

그러나 한편으론 오바마 행정부가 유럽의 경제 문제 해결을 돕는 데는 실패했다.

오바마는 확실히 외국에서 부시보다는 인기가 많다. 하지만 그의 출범을 바라보던 희망 어린 눈빛들과 총명함으로 반짝이던 그의 카리스마는 그의 앞에 닥친 숱한 문제들 앞에서 빛이 바랜 듯 보였다. 오바마가 이렇듯 대외정책에서 숱한 어려움을 겪은 이유는 그의 희망이 퇴색해서라기보다는 주변 상황에서 오는 딜레마들 때문이었다.

오바마가 국제정치문제를 해결하는 데에 발목을 잡은 것은 국내 정치인들과 여론이다. 앞서 나열한 일련의 외교정책 실패사례들을 둘러보자면 오바마는 국내 정치에 제약을 많이 받아왔다.

기후 변화에 무언가 중대한 해결책을 제시하면 당장 미시경제와 소비자들에게 그 영향이 미칠 것이고, 불황의 늪에 허덕이고 있는 미국인들은 그런 해결책을 반기지 않았다. 이스라엘-팔레스타인이나 이란 문제에 손을 대려 하면 상하원 내의 이스라엘의 로비세력과 보수 기독교 세력들이 들고 일어섰다. 아프가니스탄과 이라크 문제는 국내 여론에 밀려 결정된 것이었고, 무역 문제는 항상 어려웠지만 미국의 국내 경제가 침체 상황이기에 더욱 해결하기 어려운 측면도 있었다.

그렇기 때문에 위에 나열한 허점들에도 불구하고 오바마 행정부의 외교정책은 대체적으로 성공적이라는 평가를 받는다. 국내 정치에 제약을 받지 않고 미국이 일방적으로 주도할 수 있는 곳, 상대적으로 덜 중요한 여러 분야에서 오바마는 혁혁한 성과를 거두었다.

현재의 미국 경제 상태를 고려할 때 외교 정책이 차 순위로 밀리는 것은 당연해 보이기도 하고, 공화당 역시 오바마의 외교적 성과를 함부로 비판할 수 없는 상황이다. 이것이 오바마의 재선에는 굉장한 플러스 요인으로 작용하기도 했다.

오바마 집권 2기의 대외정책 방향

오바마 2기 행정부의 출범에 따라 이제 오바마는 동북아시아와 한반도 안보상황에 대해서도 고민해야 할 때가 되었다. 오바마 1기 행정부의 대외정책은 경제적 부담이라는 무거운 짐을 안고 태동했다. 따라서 대외정책의 구체적 '대전략' 마련에 실패한 것으로 보인다.

오바마는 이상적 목표를 제시했지만 이를 구체적으로 실현하는 데 많은 미흡함을 보였다. 문제를 해결하기보다는 상황관리(damage control) 쪽에 중점을 두었다고 하는 편이 맞다. 온갖 복잡한 각국의 이해관계가 얽혀있는 동시에 미국 스스로도 경제적인 위기를 겪고 있는 가운데, 중동 문제, 대 중국 정책, 한반도 문제 등에서 오바마 1기가 거둔 성과는 미미했다.

물론 오바마 2기 정부의 대외정책 역시 미국의 경제 문제와 직결되겠지만, 경제적 지표가 상승세로 돌아선다면 2기 정부의 대외정책은 보다 체계적이고 적극적으로 추진될 수 있을 것이다.

주목할 것은 오바마 정부의 대 중국 정책이다. 임기 초부터 이라크, 아프가니스탄 전쟁의 종결과 함께 미국은 아시아지역으로 전략적 재 균형을 잡기 시작했다. 이는 미국의 경제력 회복, 아시아에서의 전략적 영향력 확대 등을 주요 목적으로 삼고 있다. 부상하는 중국을 맞아 미국의 패권을 유지해야 한다는 점, 경제위기 극복을 위해 아시아에 집중해야 한다는 배경이 있지만 '아시아 재 균형정책'은 오바마 대외정책의 핵심적 성과로 볼 수 있다.

그러나 이러한 대중국 정책도 신흥 강대국으로 자리를 잡아가고 있는 중국을 공식적인 G2로 인정하는 오바마의 아시아 대외 정책이 급변하고 있다. 억제와 견제, 경쟁의 관계에서 새로운 신형 대국 관계로 받아들여 동반협력적 의미로 세계질서를 재편하겠다는 오바마의 생각은 2013년 서니랜드의 정상회담에서 무수한 변화를 예고하고 있다.

대북 정책을 보면 오바마 1기 행정부의 기조는 '전략적 인내'였다. 북한이 핵 폐기의 진정성이 없는 한 미국은 북한과 대화하지 않고 제재로 일관하겠다는 것이다. 2기 행정부 대북 정책은 이와 같은 선상에서 '투 트랙(대화와 제재)'을 바탕으로 강경하게 추진될 것으로 예상된다. 그러나 미국의 대북 정책이 관리 중심으로 갈 가능성도 배제하지 못한다.

하지만 오바마 행정부의 대북 핵정책은 중국을 끌어들여 '북핵 비용인'이라는 강경책이 한동안 지속 될 전망이지만 대북정책과 관련한 중요한 두 가지 변수가 있다.

미국 경제 회복과 이란 핵문제의 안정이다. 차기 오바마 정부의 대북 정책에 있어 적극적인 해법 모색이 나오기 위해서는 이 두 가지 요인이 충족되어야 한다. 특히 이란이 핵을 개발하거나, 미국 및 이스라엘의 대이란 무력 공격이 감행된다면 대외정책의 우선 순위는 다시 중동지역으로 옮겨갈 수 있다.

그에게 한 번 더 기회를 주기로 한 미국 유권자의 선택에는 오바마의 정책이 좀 더 뚜렷하게 가시화되기를 기대하는 마음이 실려 있다. 이런 상황에서 오바마의 행보는 지난 4년보다 상대적으로 자신감과 개성을 가지고 전개될 가능성이 높다.

그런 의미에서 보자면 오바마로서는 일극적 위상을 더는 유지하기 어려운 미국의 대외 행동반경에 있어서 '단독적으로 강한 미국'이 아니라 '국제적 협력체제를 지휘하는 미국'을 선택하는 쪽으로 가려는 움직임을 보인다. 이는 '아시아로의 이동'이라는 대외정책의 기조와 합치하는 동시에, 중국 포위 내지 봉쇄 전략이 중심이 되었던 1기의 수정을 의미한다.

아직 최고의 순간은
오지 않았다

　미국 대통령 선거에서 버락 오바마 대통령이 재선에 성공했다. 미대선 사상 가장 예측하기 힘든 선거라는 평가와는 달리, 승부는 쉽게 갈렸다. 오바마 대통령은 민주당의 전통적 기반인 동부와 서부의 지지를 굳히고 오하이오를 비롯한 대부분의 경합주를 차지하면서 일찌감치 당선 확정 선인 선거인단 270명을 돌파했다.

　비록 대의원수에서는 차이가 많이 났지만 득표율에서는 2% 차이밖에 나지 않았다는 점에서 미국 국민들 중에 롬니의 '작은 정부'를 선호하는 의견도 많았다는 것을 알 수 있다. 이번에 동시에 치러진 미국 상하원 의원선거에서 민주당은 상원을 54:45로 공화당을 앞섰으나 하원선거에서는 192:233으로 뒤졌다. 이는 재정절벽이라고 불리는 재정적자 한도를 야당인 공화당의 협조 없이는 늘리기 어렵다는 점에서 향후 오바마 대통령이 적극적인 재정정책을 펼치는데 걸림돌이 될 수 있다는 것을 시사한다.

선거의 최대 승부처는 경제였다.

오바마는 집권 4년간 금융위기를 극복했고 자동차산업을 살렸으며, 의료보험을 전 국민이 혜택 받는 방향으로 개혁했다는 점을 성과로 내세웠다. 고용환경도 좋아지고 있다고 강조했다. 또한 중간층 감세, 교육과 에너지 부문의 투자를 활성화하겠다며 정부 주도의 경제회복을 약속했다.

반면, 도전자인 공화당의 롬니 후보는 오바마 1기의 경제정책이 완전히 실패했다고 공격하며, 부자감세와 규제완화를 통한 민간 주도의 성장을 제시했다. 이에 계층별 지지가 확연하게 갈리면서 선거전은 초박빙의 빈부 대결 양상으로 치달았다.

2012년 미국 대통령 선거에서 가장 중요한 이슈는 경제문제 특히 실업률을 줄이는 것이었다. 롬니는 일자리는 정부가 창출하는 것이 아니라 민간 기업이 창출하는 것이라고 강조하면서 정부 규제를 줄이고 작은 정부를 실천하여 기업에 대한 세금 감면을 늘리겠다고 주장하였다. 그런데 미국의 실업률이 높은 상황에서 정부 공무원을 줄이는 것이 가능할지는 의문이었다. 오히려 사회간접시설(SOC) 투자를 늘리면서도 재정적자를 더 확대하지 않기 위해서는 오바마 대통령이 주장하는 부자들에 대한 '버핏세'의 도입 등 일정부문 부자 증세가 더 합리적이었다.

그럼에도 불구하고 많은 미국 국민들이 롬니의 과거 경력에서 오바마보다 향후 경제운용을 더 잘할 것이라는 기대를 가졌었다. 그러나 선거비용을 모으는 사적인 모임에서 롬니는 "미국에서 세금을 내지 않는 47%가 오바마를 지지한다"는 내용의 실언을 하면서 점수를 잃었다. 하지만 그 직후 열린 2012년 10월 3일 토론회에서 롬니는 오바마 대통령 재임 시절의 경제운용 상태가 나빴다는 것을 침착하게 주장하여 다시 앞서 나갔다.

이에 대해 오바마는 끝가지 서민의 정서를 대변하며 '버핏세' 주장을 굽히지 않았다. 롬니는 부자였고, 부자에 상응할 만한 세금도 납부하지 않았다. 조세율이 높아 세금에 민감한 미국인들에게 롬니의 감세방법은 부정적으로 작용했다. 그 결과 미국 시민은 부자 중심의 신자유주의 부활이 아닌 중산층 중심의 복지·공평을 선택한 것이다.

재선에는 성공했지만 오바마의 앞날이 마냥 밝은 것은 아니다. 우선 그의 앞에는 선거 과정에서 나타난 당파와 인종, 계층 간 갈등을 치유해야 할 무거운 과제가 놓여 있다. 선거인단의 쏠림과 달리, 정확하게 반으로 나뉜 일반투표는 미국의 분열상이 얼마나 심한지를 잘 보여준다.

미국 대통령 선거 출구 결과 단순히 보수, 진보의 대결이 아니라 백인 남성과 45세 이상, 그리고 농촌지역에 거주하는 보수적인 사람들은 롬니를 지지하고 소수 민족 및 여성, 44세 이하 및 도시 거주자들은 오바마 대통령을 지지하는 사회의 양극화 현상을 보여 주었다. 따라서 오바마는 향후 미국 사회의 통합을 위하여 노력하여야 하는 과제를 안게 되었다. 국내 문제뿐 아니라, 그가 깃발을 든 핵무기 폐기를 비롯한 이상을 실현하기 위해서도 미국 내 각계각층을 아우르는 통합의 지도력은 필수적이다.

인간적인 대통령 오바마

오바마의 부인 미셸 오바마는 지난 9월 민주당 대선 후보 공식 지명 전당대회를 앞두고 한 라디오 방송과의 인터뷰에서 "오바마 대통령은 취임 이후 많이 성장했다"고 말했다. 4년 전 대통령에 당선됐을 때 오바마는 '케냐 출신 흑인 아버지와 캔자스 출신 백인 어머니를 둔' 대통령이었다. 사상 첫 흑인 대통령이라는 수사에 많은 것들이 가려졌다.

그러나 대통령 재임기간 동안 오바마 대통령은 자칫 자신을 가둘 수 있는 흑인 대통령의 한계를 뛰어넘었다. 미셸이 언급한 '성장'이었다. 첫 대통령 임기 동안 각 분야에서 어려움을 겪은 오바마 대통령으로서는 이를 극복하기 위하여 자신의 개성을 표출하기 보다는 한 걸음 물러서서 통합을 추구하는 진정한 대통령으로 성장하게 된 것이다.

실제로 오바마의 취임 직후부터 악재가 이어졌다. 이전 정권에서 발생한 사상 최악의 금융위기 여파가 이어지면서 경제정책에 대한 끊임없는 비판의 목소리가 터져 나왔다. 좀처럼 경제 지표가 나아지지 않았다. 이라크 전쟁과 아프가니스탄 전쟁에 대한 논란도 계속됐다.

그러나 보수주의자들의 거센 공격 속에서도 '오바마케어'라 불리는 건강보험 개혁정책을 관철시킨 것은 오바마 집권 1기의 가장 큰 성과로 평가받는다. 오바마는 "재선에 실패하더라도 꼭 이루고 싶다"며 오바마케어를 고집했다. '묻지도 말하지도 말라'로 대변되는 동성애자 평등정책, '버핏세'로 불리는 부자증세 정책, 이민정책 개혁 등에 대해서도 뜻을 굽히지 않았다. 부인 미셸은 이를 두고 "남편은 성장했지만 핵심적인 가치와 성격에서는 전혀 변한 것이 없다"고 말했다.

재임기간 동안 오바마의 지지율이 떨어졌으나 결국 재선에 성공할 수 있었던 것은 '인간' 오바마의 힘이었다.

취임 초기 인터넷에서 화제가 된 백악관 청소원과의 주먹인사 장면 사진은 오바마가 가진 인간적인 매력을 함축적으로 보여주었다. 지난해에는 아프간 전쟁에 참가해 명예무공훈장을 받은 다코타 마이어와 백악관 정원에서 맥주를 함께 마셨다. 당시 훈장 수여 사실을 알리기 위해 대통령이 직접 통화를 시도했지만 마이어는 "일과 시간에는 전화를 받을 수 없다"며 거부했고, 결국 오바마 대통령은 마이어의 점심 휴식 시간까지 기다렸다가 통화를 했다.

오바마가 백악관 직원 아들에게 허리를 숙여 자신의 머리카락을 만지게 한 장면의 사진도 대통령의 권위를 넘어서는 '인간' 오바마의 매력을 보여준 사례였다. 백악관 인근 햄버거 가게에서 조 바이든 부통령과 함께 줄을 서서 기다렸다가 직접 돈을 내고 사 먹은 에피소드 또한 소탈한 대통령의 모습을 직접 실천했다.

오바마는 여성들에 지지를 얻은 반면, 롬니는 남성들에게 지지를 받았다. 오바마의 '여성의 낙태 허용'과 같은 여성관용 정책이 결정적이었으며, 반면에 롬니의 지나칠 정도로 모범적이고 종교적인 삶은 여성들에게 멀게만 느껴졌다. 다시 말해 오바마는 심정적으로 여성에게 편한 분위기였다는 점이다.

또한 메디케어와 메디케이드로 대표되는 미국의 보편복지 축소에 대한 롬니의 강력한 주장은 상대적으로 공화당을 더 많이 지지해 왔던 노인층의 이탈을 가져왔고, 그 결과 과거 부시 당선 때 가장 큰 역할을 했던 플로리다는 과거처럼 확실하게 공화당을 지지하지 않았다. 이에 반해 '인간' 오바마가 보여준 진정성은 악화된 경제 상황을 호전시킬 수 있을 것이라는 믿음을 유권자에게 가져다주었다. 미국 국민들의 선택은 '흑인' 오바마를 넘어선, 믿음을 보여준 '인간' 오바마 대통령이었다.

그는 7일 새벽 시카고에서 가진 대통령 당선 감사 연설에서 "무슨 일을 하든, 어떻게 생겼든, 누구를 사랑하든 우리는 모두 자랑스러운 하나의 미국인"이라고 말했다. 계급과 인종과 성적 정체성의 구분을 뛰어넘는 보편적 '인간'에 대한 선언이었다.

허리케인 샌디의 위력

선거 직전까지 초박빙이었던 미국 대통령 선거가 오바마의 승리로 막을 내린 요인 중의 하나는 선거 말미에 닥쳐온 허리케인 샌디의 덕도 컸다.

지지율이 엎치락뒤치락하던 선거 유세 막판 허리케인 '샌디'가 미국 북동부 지역을 강타하자 오바마는 유세를 중단하고 직접 피해지역으로 날아갔다. 오바마는 샌디 재해 복구를 지휘하였고, 이 장면이 전국적으로 방송망을 타면서 반전의 단초가 마련되었다. 국민들은 허리케인 샌디의 수습과정에서 대통령이 직접 현장에서 재해구호 활동을 하는 믿음직스런 지도자의 모습을 두 눈으로 확인하게 된 것이었다.

대통령으로서의 직무에 대한 도덕성을 몸소 실천하는 모습은 부동층을 자극했다. 허리케인에 대한 오바마의 즉각적인 대처는 한때 오바마를 강력하게 비난하고 조롱했던 크리스 크리스티 뉴저지 주지사가 오바마에게 감사의 표시를 하는 극적인 상황을 자아내었다. 이에 반해 재해 예방에 관한 연방정부 예산(FEMA)을 삭감하여야 한다고 사전에 이야기한 롬니의 주장은 샌디 이후 표심을 잃는 결과를 가져왔다.

한 마디로 보편적인 흐름, 즉 대세를 따른 것과, 선거 말미에 불어닥친 허리케인 샌디의 재해 복구를 지휘하는 장면, 국민과 소통하는 감성 연출 등이 오바마의 결정적 승리 요인이라고 할 수 있다.

그러나 오바마 대통령이 재선에 성공한 가장 결정적인 요인은 일자리 창출에 관한 진지한 노력으로 젊은 사람들에게 희망을 준 것에 기인한다.

서민들을 위한 경제철학

오바마 대통령은 재선의 기쁨을 채 맛보기도 전에 사회적 통합을 이루면서 미국 국민들이 기대하는 일자리 창출을 중시하는 경제 정책 시행에 나서야 한다. 오바마의 재선이 확정된 미국 현지 날짜 11월 7일 열린 주식시장에서 다우는 300포인트 넘게 추락하고 있었다. 금융업 추가 규제 가능성과 함께 재정적자 규모 확대에 있어 야당인 공화당의 협조를 받기 쉽지 않을 것이라는 예상 때문이었다. 미국 내의 재정적자 이외에도 유럽의 재정위기 및 중국, 일본 등의 경기 퇴조로 미국 내에서 새로 일자리를 창출하기는 쉽지 않은 환경이다.

전반적으로 보면 오바마 대통령은 처음 임기에서 미처 다하지 못한 일들을 계속하여 마무리지면서 미국의 경제 회복을 최우선 과제로 할 것이다. 오바마의 경제철학은 서민들에게 경제적 기회를 더 부여한다는 것을 목표로 하고 있다. 서민들을 위한 정책은 다음과 같다.

(1) 생활임금 제공

오바마는 노동자들이 가난하게 살아서는 안 된다며 10년 동안 거의 오르지 않은 최저임금 7.25달러를 10달러까지 올린다고 약속했다. 7.25달러에서 10달러까지 올린다면 가족을 부양할 수 있게 되고 비싼 병원비에 대한 걱정을 조금은 덜 수 있으리라는 기대에서이다.

(2) 근로소득 세액공제 확대

최저임금을 받는 전업노동자들은 현재 175달러에서 555달러로 3

배가 넘는 근로소득 세액공제를 받을 수 있다.

(3) 유급 병가 일수 확대

거의 대부분의 미국 노동자들 절반은 유급 병가를 얻지 못한다. 임금이 낮은 곳은 전체 노동자의 4분의 1수준이 유급 병가를 받지 못하기 때문에, 오바마는 이러한 노동자들에게 유급 병가 7일을 주는 것을 의무화할 계획이다.

(4) 의료 보험 확대

지금 거의 대부분의 가정에서는 보험에 의지하고 있을 것이고, 만약 보험이 없다면 비싼 진료비 걱정에 병원 가기를 두려워하는 사람이 많아질 것이다. 이러한 걱정을 덜어주기 위해 오바마는 의료 보험 제도를 확대할 계획이다.

최고의 순간은 오지 않았다

이번 미국 대선에서 가장 커다란 변화는 젊은이들의 투표 참여였다. 대선 당일 대학생들은 캠퍼스에 모여 오바마의 승리를 확신하는 순간부터 "포 모어 이어(4년 데!"를 외치며 환호성을 질렀다.

2011년부터 벌어진 '월가 점령' 운동 등으로 정치의식이 고양된 젊은이들은 그 어느 때보다도 투표에 대한 참여도가 높았다. 그리고 이는 워싱턴 주와 시애틀 지역의 진보적 성향에도 불구하고 지금껏 주민들의 찬성을 받지 못하고 계속 투표 때마다 이슈가 됐다가 사라졌던 두 개의 급진적인 주민 발의안—대마초 흡연 합법화, 동성애자의 결혼 합법화—이 통과되는 것으로서 더욱 큰 상징성을 띠게 됐다. 물론 이 두 이슈는 연방정부의 정책과 충돌하기 때문에 앞으로 확정될 때까지는 충돌과 잡음이 예상되지만, 미국의 젊은이들은 선거를 통해 연방정부에 강력한 메시지를 보낸 셈이다.

이제 오바마는 다시 미국인들의 바람과 꿈을 짊어지게 되었다. 정치 평론가들은 앞으로 오바마가 강력한 개혁 드라이브를 걸 것이라고 예상하고 있다. 4년 중임제. 이제는 재선에 목맬 필요가 없는 오바마가 지금까지 추진해왔던 정책들에 박차를 가하면서 세금 인상이 이루어질 것을 예상하고 있고, 이로 인해 오바마가 야심차게 추진해 왔던 국민 의료보험제인 '오바마케어'도 더욱 강력하게 추진될 것으로 보인다.

아이오와주 디모인에서 2012년 11월 5일 했던 마지막 선거 유세 연설에서 오바마는 "우리는 결코 변화를 향한 여정을 포기할 수 없다"며 연설 도중 두 차례나 눈물을 보였다. 이는 오바마가 자신의 개혁의지를 굽히지 않을 것임을 천명한 것에 다름 아니다.

오바마 대통령은 대의원수로는 많이 앞섰지만 득표율로는 상당히 근소한 차이로 재선에 성공했다. 그러나 현재 전 세계의 경제상황이 어렵고 이란과 북핵 문제 등의 외교적인 난제가 절박한 관계로 오바마 대통령은 재선의 기쁨을 맛보기도 전에 고민을 해야 할 상황이다.

유럽과 대다수 아시아 국가들이 보내는 성원을 등에 업고 오바마 대통령이 미국 국민뿐 아니라 전 세계 시민에게 희망의 메시지를 주는 대통령이 되기를 간절히 염원한다.

"아직 최고의 순간은 오지 않았다."는 오바마의 재선 소감이 가슴을 울리는 이유는 바로 이 때문이다.

Part 04

버락 오바마에게
배우는
리더십 10계명

OBAMA

01
신뢰는 리더십의
기본이다

− 신뢰의 리더십 −

전 세계 사람들에게 존경받는 인물은 과연 어떤 덕목을 가진 사람인가라고 질문했을 때 가장 많이 나오는 이야기는 무엇일까.

톰 피터스 그룹의 리더십 전문가들인 쿠제스와 포스너가 쓴 〈리더십 챌린지〉는 1백만 부가 넘게 팔린, 리더십의 고전으로 알려져 있는데, 이 책에 따르면 사람들은 흔히 자신이 기대하는 바에 부합되는 부분이 많을 때 그 상대를 존경하거나 따르고 싶다는 마음을 갖게된다고 한다. 아마도 사람들은 정직, 역량, 선견지명, 사기함양, 상상력, 야심, 배려, 자기 절제, 관용, 강한 의지 등의 덕목을 리더에게 기대하고 있을 것이다 .

그중에서도 가장 압도적으로 많은 지지를 받은 것은 정직, 선견지명, 역량, 사기 함양이라는 덕목이었다. 대부분의 사람들이 존경하고 따르고 싶은 리더가 그러한 성향을 갖추었으면 좋겠다고 생각한다는 것이다.

그중에서 정직은 리더십의 제 1덕목이라 할 만큼 가장 많이 거론되는 덕목이다. 보통 우리가 누군가를 자발적으로 따르기 위해서는 상대가 믿을 만한 사람이라는 확신이 있어야 한다. 부정적인 방법으로 조직을 이끌어 왔거나, 술수를 잘 쓰는 사람이라면 그는 믿을 수 없는 리더이다. 또한, 공적인 영역뿐만 아니라 사적인 영역의 정직도 중요하다. 리더의 정직은 구성원들의 믿음을 심어주는 바탕이 된다.

그런데 리더가 정직한가, 그렇지 않은가를 어떻게 판단할 수 있을까. 그 판단의 기준은 리더의 행동이다. 리더의 말과 행동이 일치하는가에 따라 구성원들은 리더의 정직성을 판단하게 된다. 설령 실수를 했다 하더라도 솔직하게 인정하는 태도를 보이고 자신이 한 말은 반드시 책임지는 사람이라면 그 주위에는 사람으로 넘친다.

구성원들은 정직에 못지않게 선견지명, 즉 조직의 미래를 내다보는 리더를 원한다. 그러나 선견지명이라고 해서 특별히 대단한 능력을 말하는 것은 아니다. 함께 나아가야 할 목표를 세울 때 주변정세나 조직의 상황을 충분히 고려하고 미래 예측을 하는 사람은 실수가 적은 법이다. 그래서 그런 사람을 가리켜 우리는 선견지명이 있다고 말한다.

만일 리더가 목표를 상실하거나 나아갈 방향을 제대로 제시해 주지 못한다면 어느 누구도 그를 따르고 싶다는 마음을 갖지 못할 것이다. 따라서 진정한 리더는 장기적인 비전과 그 목표를 향해 어떻게 나아가야 할지를 꿰뚫어 파악하고 있는 사람이 되어야 한다.

역량 또한 구성원들이 원하는 리더의 덕목이다. 우리가 어떤 목표를 향해 함께 나아가고자 할 때 리더에게 목표를 성취할 만한 역량이 없다고 생각한다면 그를 리더로 인정하기 힘들 것이다. 이때 적절한 경력은 리더의 역량을 가늠하는 잣대가 된다.

정직, 선견지명, 역량 외에도 우리는 리더가 열정적이고 적극적인 자세를 지닌 사람이기를 원한다. 그리고 그에게 사기를 북돋아 주는 힘이 넘치기를 기대한다. 사기를 북돋우는 리더십은 우리의 욕구에 의미와 목적을 부여한다. 그래서 활기차고 긍정적이며 낙관적으로 미래를 바라보는 자세를 갖게 한다. 리더가 사기를 올려주면 구성원들은 열광적으로 일하게 되고, 자발적으로 도전하게 된다.

사람들이 바라는 이 모든 것은 결국 리더에 대한 신뢰성이라는 부분이다. 신뢰는 리더와 구성원을 한데 묶어주는 감성적인 접착제이며 신뢰의 축적은 리더십의 정당성을 측정하는 기준이 된다. 따라서 신뢰가 없이는 구성원들의 참여가 이루어질 수 없으며, 조직의 성과를 얻을 수 없는 것은 물론이다.

우리는 무엇보다 믿을 수 있는 리더를 바라며, 말과 행동이 일치하고 지향하는 바에 스스로 열의가 넘치고 모두를 이끌어 나갈 지식을 갖추길 원하는 것이다.

만약에 리더에게서 신뢰성이 결여된다면 사람들은 이런 생각을 하게 될 것이다.

'보고 있을 때만 일하는 척하지는 않나.'

'믿음이 아닌, 돈으로 움직이는 사람인가.'

'공식적인 자리에서는 웃음을 보여도 사적인 자리에서는 불만을 늘어놓지는 않을까.'

어떤 훌륭한 능력을 갖추고 있다 해도 신뢰성이 기반이 되지 않는다면 그는 언젠가는 무너질 모래 위의 성에 불과할 뿐이다.

국민을 대신해 나라를 대표하는 정치인에게는 '신뢰'의 자질이 더욱 중요하게 요구된다. 그러나 현실은 오히려 정반대인 경우가 많다. 오늘날 '신뢰할 만한 정치인'이란 희귀하게 여겨질 정도이며, 이로 인해 정치인들에 대한 사람들의 신뢰도는 매우 낮은 편이다. 날이 갈수록 선거와 정치참여에 냉소적이고 무관심한 반응을 보이는 것도 이런 이유 때문이다.

재선 대통령 버락 오바마 역시 이 부분을 정확히 간파하고 있다.

"저는 사람들이 정치에서 가장 배고픔을 느끼는 부분이 바로 신뢰성이라고 생각합니다."

오바마는 사람들이 자신과 같은 정치인을 신뢰하지 못한다는 것을 잘 알고 있다. 그리고 정치인이기 이전에 그는 한 사람의 시민으로서 정치와 정치인이 가진 문제점들을 파악하고 비판한다. 그리고 지금까지의 행보를 보면 그는 여느 정치인들과는 달리 투명하고 공정한 정치를 해왔다.

버락 오바마가 인기를 얻을 수 있었던 것, 그리고 재선 대통령으로 두 번이나 국민 앞에 대통령으로 설수 있게 된 것은 바로 리더십의 제 1덕목인 '신뢰성'을 갖추고 있기 때문이다. 한 마디로 믿을 수 있는 정치인이라는 얘기다.

2011년 11월 6일 대통령 후보직 수락 연설에서 오바마는 지난 임기 4년 동안 경제를 회복하려는 노력이 큰 성과를 거두지 못했다는 것을 솔직하게 인정했다.

"앞으로 몇 년간 미국에서는 일자리와 경제, 세금과 재정적자, 에너지와 교육, 전쟁과 평화에 대한 중요한 결정이 이루어질 것입니다. 이들 결정은 다가올 수십 년간 우리와 자녀들에게 큰 영향을 미칠 것입니다."라고 강조하면서, "내가 제시하는 길이 빠르거나 쉽다고 얘기하지는 않겠습니다. 미국이 당면한 도전을 해결하려면 단순히 몇 년으로는 부족합니다"라고 털어놓았다. 그리고 프랭클린 루스벨트 대통령이 1930년대 대공황 때 과감하면서도 인내력 있게 추진했던 실험이 필요하다고 역설했다. 경제회복이 만족스럽지 못하지만 자신을 믿고 시간을 더 달라는 솔직한 고백에 다름 아니었다.

사람들에게 믿음을 줄 수 있는 정치인이란 이미지는 오바마에게 있어서 커다란 힘이 아닐 수 없다. 그리고 그 힘은 어머니의 교육에서 비롯되었다. 오바마의 어머니는 신뢰할 만한 사람이 될 수 있는 덕목들을 항상 강조하고 가르쳤던 사람이었다.

정정당당해라

오바마의 어머니 앤이 가장 중요하게 생각했던 것은 교육이었다. 그녀 역시 오바마와 동생 마야를 낳고 이후에도 꾸준히 공부를 계속해 인류학을 전공한 신여성이었다. 교육의 중요성을 누구보다 잘 알았기 때문이다.

그녀는 오바마의 교육에 많은 노력을 기울였다. 권력과 명예를 얻는 사람이 되기를 바란 것이 아니라 올바른 사람이 되도록 하기 위해서였다. 게다가 흑인 혼혈인 아들이 이 세상을 잘 헤쳐 나가려면 남보다 더 현명해야 한다고 생각했던 것이다.

인도네시아에서 살아갈 당시, 자카르타에 있는 대부분의 외국인 아이들은 국제학교에 다녔지만 그녀에게는 아들을 국제학교에 보낼 경제적 여유가 없었다. 대신 그녀는 인도네시아 학교에서 받는 수업과 병행해 미국 또래 아이들이 학교에서 공부할 내용을 직접 가르치기 시작했다.

그녀는 한 주에 다섯 번, 오바마가 학교에 가기 전 세 시간 동안 영어 개인 교습을 했다. 새벽에 일어나 세 시간 동안 공부를 하고 학교에 가는 것은, 어린 아이에게는 가혹한 일정에 가까웠다. 때로 그가 배가 아프다고 핑계를 대거나 졸음에 겨워 저절로 눈이 감기거나 하면 그녀는 "얘, 꼬마야. 나도 지금 소풍 나온 게 아니다."라고 엄격하게 다그쳤다.

매일 대사관에 출근을 해야 했던 그녀로서도 출근 전 하루 세 시간의 개인 교습이 쉬운 일은 아니었다. 하지만 아들에 대한 교육은 그녀의 피곤보다 언제나 앞서는 일이었다.

정해진 공부 외에 바람직한 품성 교육도 함께 이루어졌다. 그녀가 오바마에게 늘 '네가 진정한 어른으로 성장하고 싶으면 소중하게 여겨야 할 덕목들이 있다'고 말하곤 했다. 예를 들면 이런 식이다.

정직해라. 롤로는 세무서 직원들이 들이닥친다는 말을 미리 들었을 때, 냉장고를 창고에 감추지 말았어야 했다. 설령 세무서 직원들을 포함한 모든 사람들이 당연히 냉장고를 숨길 거라고 생각한다 하더라도 말이다.

정정당당해라. 부유한 가정의 학부모들은 라마단 기간(이슬람교에서 단식을 하는 달)에 교사들에게 (뇌물로) 텔레비전을 주지 말았어야 했다. 그렇게 해서 받은 좋은 점수를 보고 아이들이 자부심을 가질 턱이 없다.

솔직하게 말해라. 만일 네가 생일 선물로 받은 셔츠가 마음에 들지 않는다면 마음에 드는 척하고선 옷장 맨 아래에 넣어둔 채로 손도 대지 않는 일은 하지 말고, 처음부터 마음에 들지 않는다고 말을 해라.

일상생활에서 보고 듣는 것들은 곧 교육의 바탕이 되었다. 그녀는 옳고 그름이 무엇인지 정확히 아는 사람이었다. 공정하지 못하거나 비겁한 일은 참지 못했고 그래서 사회적 약자의 문제에도 관심이 많았다.

민권 운동에 대한 책이나 마틴 루터 킹 목사의 연설집도 꼬박꼬박 챙겨보았다. 책을 읽고 난 후에는 미국 남부 지역의 흑인 아이들이 부유한 백인 아이들이 쓰던 책을 얻고 의사가 되고, 변호사가 되고, 과학자가 되었다는 이야기를 아들에게 들려주었다. 그럴 때면 아침 일찍 일어나 공부하기를 싫어했던 자신이 매우 부끄러웠다고 오바마는 말한다.

어머니는 오바마에게 항상 흑인으로서의 자부심을 갖도록 했다. 흑인은 열등한 인종이 아니라 오히려 위대한 유산과 특별한 운명의 혜택을 받은 인종이며, 얼마든지 강인해서 충분히 짊어질 수 있는 영광스러운 짐을 졌다는 식으로 말이다. 그녀는 아들이 흑인 혼혈이라는 사회적 약자의 위치에 놓인 만큼 더 훌륭하고 당당한 모습으로 살게 하고 싶었던 것이다.

그러한 어머니의 가르침은 현재 오바마의 모습을 그대로 반영하고 있다. 그는 정직하고, 정정당당하고, 솔직한 대통령으로 알려져 있다. 그의 이미지는 어머니로부터 물려받은 소중한 유산인 셈이다. 그 스스로도 어머니의 교육이 오늘의 자신을 있게 했음을 인정한다.

"어머니는 내가 알고 있는 그 어떤 사람보다 친절하고 관대한 사람이었으며, 내가 가진 좋은 점들은 모두 어머니에게서 물려받았다."

오바마는 회고록을 통해 이렇게 이야기했다. 어머니가 가르쳐 준 황금률을 그는 지금도 여전히 지키고 있다. 그는 사람들의 눈이 두려워 지난 잘못을 감추거나 모른 척 하고 싶지 않았다. 그래서 책을 통해 자신의 과거―마약을 복용했던 청소년 시절―를 솔직하게 털어놓은 일은 이미 유명하다. 또 솔직한 만큼, 그런 자신의 모습 앞에서는 정정당당했다. 이미 예전에 뉘우치고 후회한 과거의 모습이기 때문이다.

오바마는 과거뿐만 아니라 현재 자신의 모습도 결코 미화시키는 법이 없다. 자신이 갖고 있는 약점이나 콤플렉스, 어떤 순간에 처했을 때의 두려움을 솔직하게 표현한다. 이미지가 중요한 정치인임에도 그가 보여주는 솔직함은 모두가 혀를 내두를 정도다.

2011년 12월, ABC 방송국의 간판앵커 바바라 월터스와의 단독 인터뷰 녹화 방송에서 오바마는 대통령으로서 자신의 능력이 부족하다는 것을 솔직하게 털어놓았다.

"하루에 한 번은 되돌아보며 잘못을 뉘우칩니다. 그 덕분에 다음 날은 더 잘 할 수 있게 되죠."

"어떤 점에서 가장 큰 후회를 합니까?"

"민주—공화 양당의 공조 분위기를 만들어내는 데 성공하지 못해 내 자신 통렬한 책임감을 느낍니다. 나의 소통 능력이 부족한 점을 시인합니다."

이처럼 그는 한순간의 인기나 표를 얻기 위해 있는 자신의 이미지를 미화시키지 않는다. 상대 당을 비난하지도 않고 자신의 능력만으로 승부수를 던진다. 이러한 정직과 겸손의 자세가 미국의 시민들을 오바마의 편으로 만들었다.

믿을 수 있는 사람이 되어라

스와스모어 대학의 전임 총장 테오도르 프랜드는 리더십을 이렇게 정의한다.

"리더십이란 자신에 대한 지식과 다른 사람들로 하여금 따르고 싶게 만드는 협동적 에너지를 가지고 바람을 거슬러가는 것이다. 바람을 맞는 각도는 무엇을 선택하고 그것을 고수하는 것보다는 덜 중요하다. 추종자는 설교를 듣고 모이는 것이 아니라 본보기를 보고 따라온다. 행동을 분명히 하기 위해 리더는 자신이 서 있는 곳이 어디인지를 알아야 한다. 리더는 시작하는 곳과 다다르기를 원하는 곳이 어디인지를 알아야 하며, 이상 속에 숨겨진 장애를 뛰어넘어야 한다."

이러한 리더십을 발현하는 리더가 되기 위해서는 믿을 만한 사람, 끈질긴 사람이 되어야 한다.

어떤 리더가 그럴듯한 공약을 내세웠다고 해도 그를 믿지 않는 사람들이 대부분이라면, 그는 이미 신뢰성을 잃은 리더이다. 그가 잃어버린 신뢰를 되찾기 위해서는 이전보다 더 많은 시간을 투자하고 더 많이 노력할 수밖에 없다.

정직하고 솔직하며 믿음을 주는 행위는 무한한 신뢰를 낳는다. 오바마 대통령의 재선은 결국 이 신뢰에서 비롯된 것이다. 단, 신뢰는 상호 연관성을 띤다는 것을 잊지 말아야 한다. 그 전에 탄탄하게 오랫동안 쌓아올린 신뢰일지라도 리더의 말과 행동이 일치하지 않는다면 그것은 한순간에 무너질 수 있다.

오바마의 명언으로 알려져 있는 수많은 말과 저서에 담긴 글들은 그에 대한 신뢰성을 더해주기에 충분하다. 그러한 글 가운데 특히 더 주목하게 되는 문장이 있다.

"벤자민 프랭클린은 어머니에게 보낸 편지에서 '저는 후세 사람들에게 부자로 살다 죽었다라는 말보다는 쓸모 있게 살았다라는 소리를 듣고 싶습니다'라는 말을 했다고 한다. 지금 나를 만족시키는 것이 있다면 그것은 바로, 내 가족과 나를 뽑아 준 사람들에게 쓸모가 있고 우리 자식들의 삶이 우리 자신보다 더 희망차도록 만들 그런 유산을 남기는 것이다."

국민들에게 쓸모 있는 사람이 되고, 자식들에게는 희망의 유산을 남기고 싶다는 소망에서 오바마의 솔직함과 감동이 묻어난다. 신뢰는 바로 이런 부분에서부터 시작되는 것이며 오바마의 이런 점이 미국인들에게 신뢰를 심어주고 있다.

02
변화와 혁신정신을
추구하라

- 변혁적 리더십 -

You we can change, 우리는 변화시킬 수 있고,

You we can heal this Nation, 우리는 이 나라를 화합시

킬 수 있으며

You we can seize our future, 우리는 우리의 미래를 붙

잡을 수 있다.

이 문장은 버락 오바마 대통령의 명연설로 잘 알려져 있다. 그는
연설에서 change(변화)라는 단어를 매우 자주 사용한다. 오바마가
처음 대통령 후보로 출마했을 당시 이 변화라는 코드는, 분열된 낡

은 정치를 타파하고 새로운 시대가 열리기를 갈망하는 미국인들에게는 매우 시의적절한 것이었다. 그래서 미국에서 열리는 버락 오바마의 유세장은 연일 그를 지지하는 관중들의 함성으로 떠나갈 듯했다. 그들은 이렇게 외쳤다.

"change!"

"Yes we can!"

인터뷰에서 이들은 오바마 매직(마법)이 정치에 대한 무관심에서 자신들을 일깨웠다고 말하고 있었다.

"부시 대통령은 미국을 이념적, 인종적으로 너무 분열시켰다. 오바마 매직은 미국을 통합시킨다. 그리고 젊은 세대가 낡은 정치를 변화시키라는 것이다."

변화에 대한 갈망과 변화를 촉구하는 정치인과, 그가 제시하는 비전을 열렬히 신뢰하는 대중이 만나 일으킨 돌풍은 상대 진영이나 후보를 잔뜩 긴장하게끔 만들었다. 특히 같은 민주당 후보로 오바마와 경쟁하고 있는 힐러리 측은 예상치도 못한 반전을 겪게 되었다.

상대 진영에서는 오바마가 던지는 변화의 메시지가 너무 추상적이고 뜬구름잡기식이라고 비판했다. 사실 구체성을 띠고 있지 않다는 면에서 그들의 지적은 어느 정도 일리 있는 말이었다. 그럼에도 불구하고 사람들은 왜 그토록 오바마에게 환호했던 것일까.

그것은 변화의 시대가 요구하는 새로운 리더상을 보여주었기 때문이다. 새로운 리더는 사람들을 행동하게 만들고, 추종자들을 변화의 주도자로 만드는 사람이다. 이를 가리켜 변혁적 리더십이라 부르며, 오바마는 바로 이 변혁적 리더십을 효과적으로 발휘한 리더였다.

오바마는 사람들의 마음을 움직이고 변화의 일선에 나란히 한 줄로 서게 만들었다. 그리고 자신 역시 그들과 함께 나란히 선 채, 변화와 혁신의 선봉장으로서 목표를 향해 나아가자고 촉구한다.

변화란 결코 쉽지 않은 일이다. 그러나 급변하는 사회에서 변화하지 못하거나 변화에 쉽게 적응하지 못하는 조직이나 사람은 도태되기 십상이다. 자기 쇄신을 하지 못하는 사람 역시 언젠가는 밀려나게 되어 있다.

미국인에게는 부시 정부가 그런 경우이다. 오랫동안 정체되어 있는 미국 정부와 정치가 새롭게 변화되어야 한다는 사실은 누구나 알고 있었다. 그러나 만성화된 조직의 폐단을 없애고 혁신하기 위해 나서겠다는 사람은 별로 없었다. 미국 정치는 곧 미국의 단면이며, 거대한 조직에 변화의 바람을 불러일으킨다는 것은 위험천만한 일이기도 하다.

이러한 상황에서 오바마는 '담대한 희망'을 안고 사람들 앞에 나섰다. 그리고 모두 함께 변화를 향해 나아가자고 말했다. 비로소 사람들이 가려워하는 부분을 시원하게 긁어줄 만한 사람이 나타난 것이다.

비전을 보여주어라

변혁적 리더에게 가장 중요한 것은 현재보다 더 나은 비전을 끊임없이 고민하고, 새롭게 찾은 꿈을 구성원들과 공유할 줄 아는 것이다. 그런 면에서 오바마는 진정한 변혁적 리더십을 보여주는 리더라고 할 수 있다.

변화를 위해서는 일단 비전이 마련되어야 한다. 비전이 없으면 변화도 없다. 비전이 있어야, 그 비전을 위해 반드시 수반되어야 하는 변화가 뒤따르는 법이다.

역사적으로 볼 때도 실패한 리더와 성공한 리더를 분명하게 구분 짓는 차이는 공동의 이상, 즉 비전을 만들어내는 능력에 있었다. 루즈벨트는 자신이 내세운 비전과 행동을 결합하여 대공황으로부터 미국을 구해내고 2차 세계대전에서의 승리를 이끌어냈다. 링컨 역시 명확한 방향과 이상을 제시해 남북전쟁에서 승리하고 재통합된 미국을 만들었다.

이제 오바마는 4년의 임기를 마치고 앞으로 올 4년을 약속하며 국민 앞에 다시 섰다. 그의 경제개혁 의지가 번번이 쓴 맛을 봤음에도 불구하고 국민들은 오바마를 선택했다. 특히 사회 약자들의 지지도가 높았다. 이는 지난 4년간 철저히 빈곤층 및 노년층들을 위해 경제와 의료보험을 개혁하려 했던 오바마의 변혁 정신이 높이 평가받았다는 것을 증명한다.

오바마 대통령은 자신의 의료보험 개혁을 반대하는 공화당을 향해 "지금은 민주당과 공화당이 초당적으로 협력하여 최선의 방안을 만들어내야 하며, 이 같은 개혁을 통해 국민들에게 보답할 때"라고 압박했다. 또한 "의료보험 개혁 방안의 보다 나은 진전을 위한 논의가 아니라 제도를 망가뜨리려는 정치적 의도를 가진 사람들과 더 이상 시간을 낭비하지 않을 것이며, 특정 집단의 이해를 관철하려는 구시대 전략에도 말려들지 않겠다."고 변혁의 의지를 공고히 했다.

그는 '변화'와 '희망'이란 단어를 자주 사용한다. 이 단어들은 변화와 희망을 제시하며 대선 후보로 출마했을 때부터 오바마 연설의 핵심 주제이자 사람들을 하나로 이끄는 비전의 핵심어로 자리 잡았다. 오바마는 대선 후보 때부터 말해왔다.

"부유하든 가난하든, 흑인이든 백인이든, 히스패닉이든 아시아인이든, 우리는 이 나라를 근본적으로 변화시킬 준비가 되어 있습니다. 이것이 바로 지금 미국에서 일어나고 있는 일입니다. 변화, 이것이 미국에서 일어나고 있는 일입니다."

이런 비전을 들을 때 사람들은 자신들이 공동운명체임을 인식하게 된다. 같은 꿈, 같은 비전을 향해 다 함께 나아간다는 느낌은 사람들의 가슴을 희망으로 잔뜩 부풀게 했다.

오바마가 제시한 '새로운 도전'이라는 화두 역시 사람들을 설레게 만들었다.

"미국은 새로운 도전을 받아들일 준비가 되어 있습니다. 지금은 우리의 시대입니다. 새로운 세대는 앞으로 나아갈 준비가 되어 있습니다."

그는 미래가 과거보다 나아질 수 있다는 것을 끊임없이 강조했다. 오늘보다 나은 내일에 대한 바람은 인간이라면 누구나 마찬가지이다. 그 점을 전략적으로 연결한 것은 탁월한 일이었다. 그것은 대부분의 성공한 리더들이 행해온 전략이기도 하다.

새로운 미국, 지금보다 나은 미래, 변화된 세상, 눈앞에 그려지는 이상에 사람들은 흥분했고 비로소 뭔가 변하겠다는, 뭔가 할 수 있으리라는 자신감을 회복해 갔다. 오바마를 통해 사람들은 비로소 목표의식을 갖게 되었고, 원대한 목표를 제시한 오바마는 곧 수많은 지지자들로 둘러싸이게 되었다.

오바마의 비전이 사람들에게 더욱 깊이 다가갈 수 있었던 것은 그의 비전 제시가 설득과 감동으로 이루어졌기 때문이다. 대중에게 강요하는 이상은 의미가 없다. 사람들이 진정한 마음으로 새로운 이상을 받아들였을 때, 그들은 열정과 헌신과 자부심을 가지고 앞으로 나아가게 된다.

비전을 제시할 때는, 화법 또한 매우 중요하다. 그런 면에서 오바마는 현명했다. 그는 변화의 중심이 대중들이라는 점을 각인시켰다.

민주주의 사회에서 가장 중요한 직책은 시민이라는 것을 잘 알고 있었기 때문이다.

변화를 향한 동일한 비전과 목표를 가지고 있더라도 그 목표를 어떤 식으로 촉구하느냐에 따라 사람들의 반응은 달라진다. 만일 변화를 이끌어내기 위해 명령이란 방법을 사용한다면 그는 성숙하지 못한 리더일 것이다. 명령과 일방적 지시란, 현 민주주의 사회에서는 오히려 반감만 낳을 뿐이며 변화를 향해 나아가는 길에 아무런 도움이 되지 못한다.

"다른 누군가나 다른 어느 때를 기다리기만 한다면 변화는 오지 않을 것입니다. 우리 자신이 바로 우리가 기다려온 사람들입니다. 우리 자신이 바로 우리가 추구하는 변화입니다."

You can change, we can change. 당신은 변화시킬 수 있다, 우리는 변화시킬 수 있다는 말은 현존하는 문제들에 대해 개개인의 책임감을 돋우는 효과가 있다. 나만이 할 수 있는 것이 아니라 우리 모두 함께 하자는 얘기다.

이 때 대중 한 명 한 명은 스스로 리더가 된다는 생각을 하게 되고 함께 하는 목표의식도 생기게 된다. 이러한 변혁적 리더십은 사람들을 모이게 하고 사람들이 변화라는 목표를 이루기 위해 매진하도록 만든다.

더 큰 것을 기대하게 하라

변혁적 리더는 인본주의, 평등, 평화, 자유, 자아실현과 같은 높은 수준의 가치와 이상에 호소하여 사람들의 의식을 더 높은 단계로 끌어올리는 사람이다. '품격과 책임감'을 설파했던 오바마의 2009년 취임연설이 바로 그런 것이다.

"오늘날 우리가 던지고 있는 물음은 우리 정부가 너무 비대한지 너무 작은지의 문제가 아닙니다. 정부가 제대로 기능하느냐의 문제인 것입니다. 정부가 가족들이 임금이 괜찮은 일자리를 얻도록 도와주느냐, 감당할만한 의료 혜택을 제공하느냐, 품위 있게 은퇴할 수 있도록 도와주느냐의 문제인 것입니다. 이에 대한 대답이 긍정적일 때 정부는 전진하게 됩니다."

오바마는 그저 의식주만 해결하는 평범한 인생에 만족하지 않고, '좀 더 윤택하고', '좀 더 인간답게' 살 수 있는 세상을 만들어 '품위 있는 은퇴'를 할 수 있는 삶을 살자고 한다. 사실 사람들이 기대하는 것은 생각만큼 크지 않다. 이는 "우리 아이들에게 품격 있는 삶을 주자"는 오바마의 민주당 전당대회 연설과도 맥을 같이 하고 있다. 이 말 한 마디 한 마디가 사람들에게 커다란 감동을 주었던 것은 그 때문이다.

즉, 리더가 사람들의 정신적인 필요를 언급해 그들이 그러한 필요와 능력을 갖도록 한다면 사람들은 리더와 더불어 변화를 주도하는 사람이 될 수 있는 것이다.

그러나 변화를 촉구하기 위해서는 넘어야 할 산이 많다. 대(大)를 위해서는 소(小)를 희생해야 할 경우도 있다. 따라서 변혁적 리더는 그 때를 대비해 사람들이 본래 기대했던 것보다 더 큰 것을 기대하도록 만든다. 구성원들이 순간적인 이익을 얻는 것에 대한 관심을 넘어서도록 만드는 것이다. 그렇게 되면 사람들은 리더를 존경하고 신뢰하게 되며 나아가 리더와 자신을 동일시하는 정도에까지 이른다.

그러나 '나를 따르라'하는 메시아적 발상에서 그치는 사람들이라면 그를 진정한 변혁적 리더라고 할 수 없다. 진정한 변혁적 리더는 변화에 대한 욕구를 믿는 것, 그것 자체를 동기화시킬 줄 아는 사람이다.

오바마는 변화를 말하되 실현가능성이 없는 것은 없다고, 안 되는 것은 안 된다고 확실하게 말하는 사람이다. 그리고 될 수 있다고 말한 것은 무슨 일이 있어도 끝까지 관철시키기 위해 최선을 다했다. 공화당의 반대에도 불구하고 의료보험 개혁안을 통과시킨 예만 보아도 그렇다. 그래서 사람들은 오바마의 많은 정책적 실패에도 불구하고 실망하지 않았다. 사람들은 그에게서 더 원대한 것을 기대하고 있기 때문이다. 또한 안 되는 것은 안 된다고 말하고, 실패한 것은 실패했다고 말할 줄 아는 솔직한 자세는 오히려 사람들의 신뢰를 가중시켰다.

변혁적 리더의 필수 원칙

더 높은 단계로 향하기 위해서는 변화란 반드시 수반되어야 하는 요소다. 어떤 조직이든 어떤 사회든 끊임없이 발전하기 위해서는 변혁적 사고와 변혁적 리더가 필요하다. 변화가 없으면 조직과 사회는 정체되고, 다가오는 미래에 의해 뒤로 밀려날 수밖에 없다.

하지만 변화라는 것은 적절한 시기에 이루어질 때는 효과적이지만, 잘못하면 조직을 혼란시키고 분열을 야기할 수 있다. 따라서 변혁적 리더는 지켜야 할 필수 원칙을 알아두고 신중하게 변화를 이끌어가야 한다.

- 다양한 그물망을 쳐 두어라.

21세기는 정보화 시대다. 변화라는 것은 시기와 상황에 맞게 이루어져야 하며 변화를 효과적으로 이루기 위해서는 현 상황을 철저히 파악하고 분석하고 있어야 한다.

그러나 리더 한 사람이 모든 것을 알 수는 없다. 따라서 새로운 방식을 제시해 줄 수 있는 정보를 적극적으로 수집해야 한다. 그리고 다양한 단체들과 네트워크를 형성해 정보 수집에 만전을 기하는 게 좋다.

- 낡은 관행을 부수어라.

리더는 조직의 각 부분에 문제의식을 가지고 의문을 제기해야 한다. 자신이 아닌 다른 사람들의 반대의견에도 귀를 기울여야 한다. 다양한 의견 속에 새로운 것이 창조될 수 있기 때문이다.

또한 문제가 있으면 해결책도 반드시 있음을 인식한다. 해결이 없는 문제는 있을 수 없다. 이 때 리더에게는 상황을 바라보는 창의성이 요구된다. 창조적인 시각으로 문제를 바라보면 해결되지 않을 것 같던 문제도 지혜롭게 해결할 수 있게 된다.

– 정체성을 확립하라.

변화를 효과적으로 일구기 위해서는 조직 내부의 정체성을 확실히 규정하고 확립해야 한다. 필요하다면 외부의 압력도 거부할 수 있어야 하기 때문이다. 그리고 구성원들에게 역할을 분담하되 과도한 책임을 지우지 말고 업무에 전념할 수 있게 한다.

또한 변화의 성패는 개인이나 조직의 능력 뿐 아니라 조직에 물적, 공적 자원이 얼마나 제공되느냐에 따라서도 달라진다. 그러므로 다양한 분야에 걸쳐 관계 형성에 만전을 기하는 게 좋다.

– 참고 기다려라.

변화란 결과를 만나기 전까지 어려운 순간이 많다. 그러나 중간에 포기해 버리면 실패가 되고 만다. 따라서 초기의 장애를 극복하고 상황이 호전될 때까지 참고 기다리는 인내심을 발휘하라. 특히 오랜 시간이 걸리는 변화 프로젝트는 끈기 있는 리더십이 요구된다.

03
가치관의 다양성을
인정하라

- 다원주의적 리더십 -

"버락은 자신과 의견이 같지 않은 그 사람들이 의견 차이 때문에 불편하게 느끼지 않도록 하려고 했어요."

2006년 오바마가 학생그룹과의 만남을 가진 후 자리에 참석했던 한 청중은 이런 말을 했다. 그 자리에서 오바마는 이스라엘에 관한 연설을 했고 그는 회의적인 청중을 무력하게 할 만큼 설득력 있는 연설을 펼쳤다. 그렇지만 그는 자신의 의견에 반대 의견을 갖거나 이의를 제기하는 사람들을 무시하거나 무조건 강하게 밀어붙이지 않았다. 오바마는 대신 포용력 있는 자세로 일관하며 왜 자신이 그러한 의견을 낼 수밖에 없는지에 대해 설득하는 태도를 취했다.

"나는 다른 사람들의 이야기에 귀를 기울이지 않거나 그들과의 대화에 참여하지 않으려는 것에서는 아무것도 배우지 못했고 우리 사회에서 그것은 확실히 건강한 정치의 기반이 될 수 없다는 것을 알게 되었습니다."

현대는 민주적 다원주의의 원칙에 입각한다. 다원주의란 개인이나 여러 집단이 기본으로 삼는 원칙이나 목적이 서로 다를 수 있음을 인정하는 태도를 말한다. 이러한 다원주의에 의해 여론이 이루어지게 되면 한정되고 획일화된 정보를 받는 것이 아니라 다양한 정보를 제공받음으로써, 여론 형성 과정에서 의사 결정이 좀 더 더 자유롭고 다양해질 수 있다. 그리고 소수의 의견도 수용될 수 있다는 장점이 있다.

그렇기 때문에 민주적 다원주의에 따르면 특정 가치관을 가진 사람이라도 다원주의의 원칙에 따라야 한다. 만일 수용할 수 없다면 자신의 관심사를 설득할 수 있는 보편적 가치로 바꾸어 합당한 이유를 설명해야 한다. 소수의 의견을 존중하지만 모든 것을 다 수용할 수는 없기에, 합리적 판단과 원칙이 도출되는 것들을 추려내야 하기 때문이다.

이런 점 때문에 다원주의와 종교가 부딪힐 때 불협화음이 생기는 것이다. 오바마는 상원의원 시절부터 임신 중절 찬성 입장을 밝힌 바 있다. 이 때 많은 사람들은, 특히 신앙을 가진 사람들은 거센 항의를 했고 임신 중절 반대 입장이었던 공화당원과도 대립 양상을 펼쳤다. 아이가 있는 가족들은 오바마가 나타나는 곳에 대기하며 피켓 시위를 벌이기도 했다.

그러나 오바마는 대통령이 된 후 의료개혁법안을 통과시켰고, 이 의료보험법에는 임신 중절에도 의료보장 혜택을 준다는 항목이 포함되어 있었다. 이에 대해 자신을 가톨릭 신자라고 밝힌 한 여성은 "주교님과 함께 이 법안에 저항할 것"이라며 심한 반감을 드러냈다.

오바마가 임신 중절 사안에 찬성하는 이유는 "과거 시술 의사와 시술받는 여성이 다 같이 처벌을 받는 상황에서도 임신 중절이 그대로 계속된 것처럼 임신 중절을 금지시킨다고 그런 행위가 사라지지는 않으며 오히려 임신한 여성들이 안전하지 못한 수술을 받을 수밖에 없다는 점이 걱정"스럽다는 이유 때문이었다. 즉, 무조건 임신 중절을 막는다고 해서 문제 해결이 되는 것이 아니라는 것이 그의 논지였다. 임신 중절을 하는 여성들의 숫자를 줄이는 것은 이미 '찬성', '반대'의 문제가 아니기 때문이다.

또한 오바마는 재선에 출마하면서 낙태와 동성결혼 지지에 대한 자신의 입장을 확고히 밝히고 정책을 추진했으며, 불법이민자 추방 유예조치를 취해 다원주의적 노선을 공고히 했다. 그 결과 소수인종과 여성들은 오바마를 전격 지지하여 오바마 승리의 일등공신 노릇을 했다. 흑인의 95%, 히스패닉의 65%가 오바마에게 표를 던졌으며 여성 유권자 사이에서 오바마의 득표율은 롬니보다 10%포인트 이상 앞섰다.

그러나 종교를 가진 사람들의 마음은 그렇게 쉽게 바뀌지 않았다. 단어 그대로 임신 중절을 '허용'하고 있다는 점에만 초점을 맞추고 반감을 가졌던 것이다.

조사에 따르면 미국인들의 95퍼센트가 신을 믿고 3분의 2 이상이 교회를 다니며 37퍼센트는 독실한 기독교인을 자처하고 이보다 훨씬 많은 사람들은 진화론보다 창조론을 믿는 것으로 나타났다고 한다. 이처럼 종교성이 짙은 미국인들이다 보니 그가 무신론자 정치인이라는 사실 때문에 좋지 않은 시선으로 바라보는 사람들도 많았다.

자유주의적인 사고방식을 가지고 있었던 오바마는 처음에는 종교를 갖지 않았다. 그랬던 그가 교회에 나가고 세례를 받게 된 것은 '종교에 헌신한다고 해서 비판적인 사고를 중단하거나, 경제적, 사회적 정의를 구현하기 위한 싸움을 중단하거나, 내가 잘 알고 아끼는 세계로부터 물러날 필요가 없다는 인식' 때문이었다.

그런데 많은 미국인들은, 그리고 많은 정치인들은 종교 앞에 거슬리는 문제에 있어서는 균형 감각을 잃어버리는 경우가 많다. 그것은 우리나라도 마찬가지다. 임신 중절의 문제가 종교적인 연관성으로 이어지자, 문제의 본질은 흐려지고 종교인과 비종교인의 분열 양상을 낳게 된 것이다.

오바마는 이러한 사고의 편협성을 지적한다. 자신이 특정 가치관을 지니고 있다고 해서 다른 사람의 가치관이 무시되어서는 안 된다는 것이다. 기독교인이든, 불교신자든, 이슬람교도든, 그들은 자신의 종교를 가질 권리가 있고 그 종교를 인정받을 권리도 있다. 어느 누구도 그것을 비난할 이유는 없다. 그리고 종교뿐만 아니라 모든 문제에서 서로 가진 다른 생각은 존중되어야 한다.

그러나 서로의 가치관은 종종 충돌을 일으킨다. 사람들의 눈에는 다른 쪽의 가치관이 '과장되어 왜곡된 모습'으로 보이기 때문이다. '자립과 독립심은 자기 본위와 방종으로, 야망은 탐욕이나 어떻게든 성공하겠다는 광적인 욕망' 쯤으로 말이다.

생각의 지점을 확장하라

오바마는 서로 다른 가치관의 조화를 위해서는 일단 생각의 폭을 넓혀야 한다고 말한다. 그러면서 그는 자신의 정치 활동의 길잡이 중 하나로 "네가 그렇게 하면 느낌이 어떨 것 같니?"라는 어머니의 질문을 원칙으로 세워두고 있다. 모든 일에 앞서 반대 입장에 선 사람의 생각이나 입장을 헤아려 본다는 것이다.

어린 시절 어머니가 일 때문에 외국으로 나가는 일이 많아 그는 주로 외조부모와 함께 시간을 보냈다. 그래서 사춘기 때는 할아버지와 종종 입씨름을 벌였는데 그 이유는 대개 할아버지가 마음대로 정해 놓은 갖가지 사소한 규칙을 그가 지키지 않았기 때문이었다. 승용차를 빌려 쓰면 연료탱크에 휘발유를 가득 채워 놓아야 한다거나 우유팩은 쓰레기통에 버리기 전에 반드시 물로 헹궈야 한다는 등 지극히 사소한 것들에서 그들은 부딪혔다.

그는 '내 견해가 더 옳다고 절대적으로 확신'했지만 나이가 들고 할아버지를 이해하기 시작하면서 자신의 고집이 말 그대로 '고집'에 머물렀음을 느끼게 되었다.

"할아버지의 말에 분명히 타당성이 있을 때가 있으며, 내가 그의 기분이나 요구에 개의치 않은 채 항상 내 방식만을 고집함으로써 어떤 면에서 스스로의 품격을 떨어뜨리고 있다는 점을 깨달았다."

오바마는 상대방의 처지에서 생각하는 마음가짐을 갖는다면 가치관의 균형도 맞출 수 있는 여지가 있다고 말한다. 자신의 생각만을 고집하는 시각을 극복하고 생각의 지점을 확장할 때 좀 더 성숙한 인간이, 좀 더 나은 사회가 될 수 있는 것이다.

가치관의 균형을 맞추는 일은 때로 쉬울 때도 있다. 이를테면 '개인의 자유가 타인에게 피해를 끼칠 위험이 있을 때'는 사회가 그런 자유를 억제해야 한다는 점에서 모든 사람은 동의할 것이다. 어떤 사람이 폭력이나 강간을 일삼으며 동네를 버젓이 돌아다닌다면 그를 신고하고 수감하도록 하는 데 이의를 제기할 사람은 없을 것이다.

그러나 가치관의 균형을 맞추는 일은 어려울 때가 더 많다. 임신 중절의 문제가 그러하고 총기사용 규제나 동성결혼의 문제도 그렇다. 사람들이 살아가면서 부딪히는 소소한 여러 가지 문제들에서는 더 말할 것도 없다.

"나는 미국 사회가 모든 문화권에 가장 공통적인 자녀 양육 단위를 남녀 간의 결합체로 보고 이 나라를 이런 결합을 위한 터전으로 가꾸기로 결정할 수 있다고 믿는다. 그러나 국가가 미국 시민의 동성 간 시민 결합을 인정하지 않는다면 그런 국가를 가질 생각이 없다. 국가가 시민 결합을 인정하지 않는다면 이들은 사랑하는 대상이 동성이라는 이유만으로 병원을 찾거나 건강 보험 혜택을 받는 기본적인 문제에서도 동등한 권리를 누리지 못한다."

2008년의 대통령 선거에 출마할 때만 해도 오바마는 동성 결혼에 반대하는 입장이었다. 이는 아직 어느 정도의 사회적 합의가 이루어지지 않았다는 판단 때문이었다.

그러나 재선에 출마한 후 오바마는 동성결혼에 대한 확고한 지지를 표명했다.

"국가가 보는 권리의 관점에서 볼 때, 모든 사람이 공정하고 동등한 대우를 받고 있는지, 이 점은 매우 중요합니다. 그것이 오랜 세월 동안 미국 역사에 있어서 핵심적인 부분이었습니다."

기독교인인 그에게도 동성 결혼은 '다른 영역에 속하는 가치관이지만, 그들도 동등한 권리를 누릴 수 있는 미국 시민이기 때문이다.

그래서 오바마는 "모든 사람의 가치관이 존중받을 만한 값어치가 있다는 점을 인식한다면 미국의 민주주의는 좀 더 원활하게 굴러갈 것"이라고 말한다.

"취미로 사냥을 즐기는 사람이 총기를 아끼는 마음은 진보적인 사람이 도서관의 책을 아끼는 심정과 비슷하다는 점을 진보세력이 인정해 준다면, 또 대부분의 여성이 자녀 출산에 대한 자유로운 의사결정권을 지키려는 마음을 복음주의자들이 신을 섬기고 받들 권리를 지키려는 마음과 다를 바 없다는 점을 보수 세력이 인식한다면, 미국의 민주주의는 더욱 발전할 것이다."

자신의 가치관이 지니는 고유한 특성에서 잠시 시선을 돌려 다른 사람의 가치관을 이해하려고 노력하는 자세가 필요하다. 이처럼 편협한 사고의 폭을 넓혀나가는 것은 조화로운 세상, 그리고 더불어 가는 세상을 만들기 위해 매우 유효한 자세다.

배척하지 말고 포용하라

오바마의 이러한 포용적 태도에는 아마도 독특한 가계의 영향이 있지 않았을까 싶다. 오바마가 백인과 흑인의 혼혈이라는 사실은 앞에서도 주지한 바 있다.

우리나라 사람들은 아직도 국제결혼이나 혼혈에 대한 인식에서 자유롭지 못하다. 주변에서 외국인이 한 명이라도 포함된 가족을 보게 되면 공연히 색안경을 쓰고 보거나, 마치 신기한 구경거리처럼 생각한다. 국제결혼을 통해 태어난 아이에 대한 시선도 그리 곱지 않다. 그들이 대한민국의 국적과 이름을 가지고 있다 해도, 생김새가 조금 다르다는 이유로 따돌림을 당하는 경우가 많다.

'한민족'이라는 의식에서 생기는 거부감 때문이다. 사실 우리 역시 다양한 혈통을 지닌 민족임에도 불구하고 이 한민족, 단일민족이라는 관념은 여전히 우리를 지배하고 있는 선입견이다. 그 때문에 우리들은 많은 다양성들을 포용하는 자세에서 뒤처지고 있는 게 사실이다.

지금은 하루 만에 지구 저 쪽 끝까지 갈 수 있고, 전 세계가 다양한 관계로 엮여 정치, 경제, 문화를 함께 이루어가고 있는 세상이다. 인터넷으로는 이미 전 세계는 하나이다. 이러한 글로벌 정보화 사회 속에서 민족이나 인종에 대한 폐쇄성은 타파해야 할 관습과도 같다.

혼혈가족에 대한 인식은 외부적인 시선에서 비롯되어, 가족들 내부적으로도 적지 않은 어려움을 겪는다. 다른 가족과는 다르다는 것에서부터 '나는 누구인가?' 라는 정체성에 대한 혼란을 겪으며 결코 쉽지 않은 고뇌의 과정을 거쳐나간다.

버락 오바마는 바로 이 중심에 있었다. 그에게는 다양한 인종의 가족들이 있다. 소위 다민족 가정인 셈인데, 이는 그야말로 흔치 않은 경우다.

아버지가 케냐에서 태어난 흑인이고 어머니는 미국 캔자스에서 태어난 백인이었기 때문에 그의 친가 쪽은 아프리카계 흑인이고 외가 쪽은 아메리카계 백인이다. 아버지는 그의 어머니와 결혼하기 전의 부인과의 사이에 로어라는 아들과 아우마라는 딸을 두었고, 케냐로 돌아간 뒤 재혼한 부인(세 번째 부인은 백인이다) 사이에서는 두 명의 아들을 두었다. 그리고 어머니와 재혼한 인도네시아 새아버지 롤로 사이에서 태어난 마야까지, 그에게는 형과 누나와 동생이 매우 많았다. 어머니와 함께 살았던 마야를 제외하고는 비록 얼굴도 보지 못한 채로 지내야 하는 세월이 대부분이었지만 말이다.

버락 오바마라는 이름도 아버지의 부족 루오족이 이슬람 문화권에 속해 있어 지어진 특이한 이름이다. 또 캔자스 출신 외조부모의 이야기에 의하면, 남부 동맹 대통령인 제퍼슨 데이비스는 오바마 외가의 먼 친척이기도 하다.

그러니까 오바마의 가계는 이슬람권 문화가 섞인 아프리카계와 아메리카계, 그리고 아시아계까지 섞여 있는 다인종 가계 구성인 셈이다.

그러나 인종을 넘나드는 다인종 가계로 인한 혼란은 이미 젊은 시절에 벗어버린 그다. 다소 특이한 가족 구성은 오히려 정치인으로서의 오바마에게는 장점이 된 듯하다. 자신과 자신의 가족을 통해 차별받고 억압받는 자의 마음을 들여다볼 수 있었으며, 또한 '다른' 사람들에 대한 깊은 포용력을 가질 수 있었기 때문이다.

게다가 오바마의 가족은 사랑으로 이루어져 있었다. 어머니와 백인 외조부모가 그랬고, 케냐에서 사는 아버지의 가족들이 그랬다. 오바마가 아버지의 땅 케냐를 처음 방문했을 때, 가족은 도처에 널려 있었고 그는 난생 처음 보는 가족들의 환대에 정신을 차릴 수가 없었다고 말한다.

> 저녁이면 아우마(오바마의 누나)와 나는 끊임없이 이어지는 초대에 두 손을 들고 항복해야 했다. 삼촌, 사촌, 오촌, 육촌……. 그들은 늦은 시각이든, 우리가 배가 잔뜩 부르든 전혀 상관하지 않고 자기들이 준비한 음식을 먹으라고 했다. 막무가내였다.
>
> "베리, 네가 보기에 케냐에서는 모든 게 부족할 수도 있지만, 네가 여기 있는 동안 우리가 뭐든 못 먹이겠니?"

오바마(버락 오바마의 아버지)의 아들을 처음 본 가족들이었지만, 가족들에게 오바마는 '또 다른 내 아들'이었고 그들은 넘치는 정과 사랑으로 오바마를 대했다. 케냐 가족들의 환대는 개인주의적 성향에 익숙한 미국인으로서는 낯선 문화에 가까웠다. 그렇지만 오바마는 자신을 향한 넘치는 배려가 싫지만은 않았다. 자신의 뿌리에 대한 의심과 두려움은 인간적인 정이 가져다주는 기쁨 속에서 조금씩 지워나갈 수 있었다.

오바마가 결혼을 한 후 처가 쪽으로 또 다른 가족 구성원이 생겨났다. 아내 미셸의 식구들은 미국에서 태어나서 미국에서 줄곧 자라 100퍼센트 미국적 사고방식을 가진 아프리카계 미국인들이다. 또 매제와 조카는 중국계이다. 이들까지 합해 오바마의 식구들이 모두 모이면 그야말로 미니 UN을 방불케 한다.

"나에게는 베니 맥(미국 흑인 영화배우)같이 생긴 친척들도 있고, 마가렛 대처같이 생긴 친척도 있습니다. 그렇게 우리는 별일 없이 지내 왔습니다."

오프라 윈프리 쇼에 나와 오바마가 했던 말이다. 놀랄 만큼 다양한 민족이 섞인 가족인 만큼, 문화도 사고방식도 다양하지만 그들은 잘 융화하며 문제없이 살아가고 있다.

오바마의 가족들은 미국식 사고방식, 케냐식 사고방식, 아시아식 사고방식 등 저마다 다른 문화적 특성을 가지고 있었고, 피부색과 인종에 따라 느끼고 살아온 시간들도 달랐을 것이다. 서로 같거나 다른 차이를 가진 사람들이 함께 모여 살아간다는 것은 많은 이해를 요구하는 일이다. 때로는 다르다는 것을 납득하지 못해 문제에 부딪히는 경우도 생길 것이다.

그러한 경우 문제의 해결을 어떻게 할 것인가. 만일 나와는 다른 생각을 가진 상대방을 무조건 폄하하려고만 든다면 해결점은 점점 뒤로 물러나게 될 것이다.

같고 다른 것은 옳고 그른 문제와는 다르다. 그럼에도 불구하고 사람들은 두 가지의 차이점에 대해 종종 헷갈리거나 판단에 오류를 범하곤 한다. '다르다'는 '나쁘다'와 동격이 될 수 없으며 반대로 '같다'가 '옳다'와 동격이 되는 것이 아니기 때문이다. 오바마는 그 두 가지의 차이점에 대해 잘 알고 있었다.

서로 다른 환경, 다른 생각을 가진 사람들이 함께 잘 융화할 수 있으려면 상대의 의견을 인정하고 나와 다른 생각을 감싸 안을 줄 알아야 한다. 그렇다고 해서 자신의 확고한 가치관을 접으라는 얘기는 아니다.

나의 의견이 확고한 경우라도 일단, 상대방의 이야기를 잘 경청한 후 상대에게 내 이야기를 설득시키는 과정이 필요하다.

사고의 균형감각을 길러라

오바마와 종종 비교되곤 하는 링컨 전 대통령 역시 포용과 화합으로 남북의 노예 해방을 이뤄낼 수 있었다고 한다.

"관용, 평등을 지키고 혜택 받지 못한 사람들 편에 서라."

"판단을 하기 전에 너 자신부터 돌아봐라."

생전에 항상 스스로가 진보주의자임을 자처했던 오바마의 어머니 앤은 관용과 평등, 소외 계층에 대한 옹호 등 민권 운동에 담긴 가치와 정신을 항상 아들에게 강조해 왔다.

대통령이 되기 이전 오바마의 과거를 살펴보면, 그는 출세를 따르기보다는 힘들고 아픈 이들을 위해 노력하는 지역 사회 활동가로 일했으며 하버드 로스쿨을 졸업해서는 민권 변호사로 활동했다. 개인의 이익보다는 '상대방'을 생각하는 마음의 자세, 그것은 바로 어머니로부터 물려받은 소중한 유산이 아니었나 싶다.

서로 다른 문화, 서로 다른 생각을 가진 사람들 속에서 포용의 리더십을 가진 사람은 빛을 발한다. 어머니로부터 배운 관용의 정신, 외조부모와 케냐 가족들의 아낌없는 사랑, 형제들의 우정······. 오바마가 가진 포용의 자세는 다양한 가족 구성원들 사이에서 자연스럽게 이끌어져 나온 미덕이었다.

다원주의는 말 그대로 가치의 다양성을 허용하고 존중하는 것이다. 그러나 온전히 그것만을 따라서는 안 된다. 오바마는 합리적인 다원주의를 향해 나아가기를 원한다.

황희 정승처럼 이것도 옳다, 저것도 옳다라고 한다면 그것은 다원주의의 원칙에 따르는 것이기는 하지만, 개인의 판단과 행위가 무비판적으로 수용될 경우 가치관의 혼란이 생길 수 있기 때문이다.

오바마는 그 중간 지점을 찾는다. 동양사상으로 말하자면 중용의 정신이다. 사고를 확장해 다양한 의견을 받아들이는 한편으로 무엇이 사회를 위해 가장 최선인가를 따진다. 즉 개개인의 가치관으로 생각할 수 있는 부분에 대해서는 충분히 고려하되, 현실에 필요한 합의를 도출해야 한다고 생각하는 것이다.

"나는 협의를 이끌어 갈 때 의견이 크게 대립되는 지점에 초점을 맞추지 않았다. 오히려 각자의 견해와 상관없이 모두가 중요하게 여기는 공동의 가치와 목표에 중심을 두었다."

정치적인 부분에서 뿐만 아니라 가치관이 대립하는 양상은 어디에서나 비일비재하다. 이런 경우 훌륭한 리더라면 다수의 사람들의 이익과 조화를 위해 균형감각 있는 결론을 내릴 것이다.

서로의 가치관을 인정하는 것, 그래서 생각의 지점을 좀 더 넓히는 것, 유연하게 사고하는 것, 배척하지 않고 포용하는 것, 그리고 무엇이 최선인지를 아는 균형감각을 기르는 것, 그것을 아는 사람이야말로 진정한 21세기의 리더라고 할 수 있지 않을까.

04
이기적인 태도를
버려라

- 통합의 리더십 -

    정당은 일반 대중이나 집단의 다양한 이해관계나 의견을 집약하여 정부와 정책에 반영하는 대변자의 역할을 수행한다. 또한 정당의 역할은 상대방의 독점을 견제하고 서로 가장 바람직한 의견을 수렴하는 것이다. 하지만 오늘날의 정당정치는 우리를 종종 질리게 만든다.

    미국 공화당과 민주당의 경우도 그러했다. 최고의 지점을 찾아 논쟁을 벌이고 의견을 합해 나가는 것이 아니라 점점 양극화되는 분열의 상태에 빠진 정쟁의 모습만을 내비치고 있었다. 오바마는 이러한 현실을 자신의 저서를 통해 적나라하게 보여주었다.

미국인들은 이라크와 세금 문제, 임신 중절, 총기 문제, 십계명, 동성 결혼, 이민, 통상 문제, 교육 정책, 환경 규제, 정부의 규모, 법원의 역할 등 온갖 쟁점을 놓고 서로 의견이 엇갈렸다. 의견이 다른 것으로 그치지 않았다. 분열된 쌍방이 파당을 만들어 아무런 절제 없이 상대방에게 신랄한 공격을 퍼부으면서 격렬하게 대립했다. 우리는 의견 대립의 범위와 본질, 이유 등에 대해서도 생각이 달랐다. 또한 모든 문제가 논쟁의 대상이 되었다. 기후 변화의 원인이든 기후 변화라는 사실 그 자체든, 재정 적자의 규모든 재정 적자의 원인이든 가리지 않고 논란거리로 삼았다.

이러한 상황을 설명하며 오바마는 이 같은 상황에 처음 맞닥뜨렸을 때 전혀 놀라지 않았다고 말했다. 이미 정쟁의 모습을 멀리서나마 계속 지켜보았기 때문이다. 우리 역시도, 어느 정도 알고 있는 사실이기 때문에 놀라지 않는다.

상대당원들끼리 불만을 토로하고 소리를 지르고, 편파적인 비난이나 책임 전가를 하는 행위들은 정부의 분열에 이어 국가의 분열까지도 우려케 한다. 분열로 인해 얻을 수 있는 것은 아무것도 없다. 비단 정치만이 아니다. 가족이나 집단, 기업 등 함께 어울려 살아가는 곳 어디서든, 분열은 상태를 악화시키는 원인이 될 뿐이다.

오바마는 이러한 분열의 상태를 통합으로 이끌어나가는 리더십을 가지고 있다. 조지 부시의 보좌관으로 일했던 공화당원 마크 매키넌은 오바마를 가리켜 '사람들은 그를 국가를 통합할 수 있는 인간 다리로 여긴다고 생각한다'고 말한 바 있다.

그는 자신이나 자신의 당을 위한 이익집단의 태도를 버리고 물러날 때는 물러나고 나아갈 때는 나아간다. 그리고 타고난 인간관계를 통해 서로간의 신뢰를 다져 분열의 상처를 아물게 한다.

오바마의 정치연설 중에 인상 깊은 말이 있다. 인종이나 당에 편협하지 않는 사람으로 보이려는 전략적 측면도 있겠지만, 어찌 됐든 이 말은 많은 사람들을 오바마의 새로운 지지자로 편입시키는 계기였다.

"나는 흑인을 위한 오바마도 아니고, 백인을 위한 오바마도 아니고, 황인을 위한 오바마도 아니고, 여성을 위한 오바마도 아니고, 남성을 위한 오바마도 아니고, 동성애자를 위한 오바마도 아니고, 오로지 미국을 위한 오바마입니다."

사회적 약자, 이를테면 흑인 후보자가 당선이 되면 그는 흑인의 인권에 대해 끊임없이 설파한다. 그때까지의 억울함을 모두 만회하려는 듯 흑인들을 대변하는 전사가 되어 자신의 의견에 반하는 것들에 끊임없이 대립한다.

그런 행동은 물론 일리가 있다. 흑인 인권 회복을 위해 노력하는 것은 물론 중요한 일이며 당선자가 되어 생각했던 바를 행동으로 옮기는 것은 타당한 일이다. 그러나 그 부분에만 매몰되어 있다면 그것은 문제다.

물러날 때와 나아갈 때를 알아라

만일 국가에 훨씬 중요한 사안이 있다면 자신이 내세우는 문제는 조금 뒤로 미루는 게 맞다. 그러나 커다란 그림을 보지 못하고 당면한 문제에만 집착하는 것, 내 이익만을 챙기는 것은 정당의 분열을 촉진시키는 일이 될 뿐이다. 오바마는 바로 그 점을 지적했고 자신이 그런 사람이 되지 않도록 대통령이 된 후에도 항상 스스로를 견제했다.

의료개혁법이 하원을 통과할 때 오바마의 통합의 리더십은 유감없이 발휘되었다. 당시 공화당은 이 법을 사회주의적이라고 비판했고, 일부 국민들은 시위까지 하며 법안 통과를 반대했다. 중간 선거를 앞둔 상황에서 정치적 자살행위라는 경고도 나왔다. 하지만 오바마는 "단임으로 끝나는 한이 있더라도 이 법으로 역사적 평가를 받겠다"는 강한 신념을 고수했다.

민주당, 공화당, 상·하 양원지도부를 백악관에 모아놓고 오바마 대통령이 사회를 보면서 토론회를 주도하기도 했고, TV 인터뷰에 집중 출연하며 의료개혁법을 설명했다. 타운 홀 미팅, 보험회사 최고경영자와의 회동에도 나서고, 의원과 시민들을 대상으로 전 방위로 뛰어다녔다. 이렇게 일단 반대의사를 정지시켜 놓은 뒤, 반대자를 지지자로 바꾸는 설득작업이 이어졌다.

골수적으로 반대하는 의원을 대통령 전용기에 태워 설득하는가

하면, 오바마 대통령을 끊임없이 비난해온 〈폭스뉴스〉와의 인터뷰에도 기꺼이 나섰다. 하원의 본격적인 논의가 시작된 뒤에는 직접 만나거나 전화로 설득한 의원이 92명에 달할 정도였다. 당내 보수파인 반(反)낙태 강경파를 끌어들이기 위해서는 대통령령으로 연방예산이 낙태지원에 쓰일 수 없도록 하는 방안까지 받아들였다.

이 같은 오바마 대통령의 설득에 힘을 실어준 것은 그가 취임 초기에 보여준 신뢰에 있었다. 취임 초 내정한 세 명의 각료후보자에게 탈세 등의 의혹이 일자, "내가 일을 엉망으로 만들었다. 내 자신이 절망스럽다. 내 책임이다"라며 오바마는 대 국민사과와 함께 각료후보자를 전격 교체했다. 이런 태도는 오바마를 지지하지 않았던 미국인들까지도 '믿을 수 있는 지도자'라는 신뢰를 갖게 하기에 충분했다. 그리하여 세계 최강국으로서 100년 가까이나 국민의 6분의 1을 의료사각지대에 방치해둔 현실은 오바마의 '통합의 리더십'을 통해 개혁될 수 있었던 것이다.

오바마는 일부러 누군가를 자극하거나 반대하지 않았다. 터놓고 이야기하다 보면 이해되지 않는 것이 없다. 우리가 마음을 조금 열기만 하면 된다.

나만이 옳다고 생각하는 자세는 분열의 시초이다. 일단 이기적인 태도를 버리고 상대방의 의견에 진지하게 귀 기울이며 그들을 내 편으로 만드는 것이 통합을 이루는 첫 단추이다.

상대를 존중하는 것은 통합의 기본이다. 그러나 물러날 때를 안다면 나아갈 때도 알아야 한다. 오바마가 상원의원이었던 시절, 취학전 아이들에게 아침 급식을 제공하자는 제안에 대해 한 공화당 상원의원은 "아이들의 자립정신을 망친다"라는 이유로 반대를 한 적이 있다. 이 때 오바마는 이런 식의 발언으로 상대방과 논쟁을 벌였다.

"내가 아는 자립적인 5세 아이들은 많지 않지만, 그 아이들이 한창 성장기를 보낼 때 너무 배가 고파 배우지도 못하고 보낸다면 결국 그 아이들이 주정부에 책임을 돌릴 수 있음을 지적해야 했다."

법안이 불합리하거나 반론이 적절하다면 모르되, '취학 전 아이들의 아침 급식 제공' 문제는 분명히 실용적이고 합리적인 법안이었다. 그 법안에 대한 공화당의원의 반론은 그저 '반론을 위한 반론'일 뿐이었다.

오바마는 이 문제에 대해서는 강경한 입장을 보였다. 그 결과 처음에는 법안이 거부되었지만 결국 한참 후에 수정안이 통과될 수 있었다.

발전적인 통합을 향해 나아가라

한 집안에서 부모나 형제자매가 대립하는 모습은 보기 좋지 않을 뿐더러 집안의 번영에도 저해되는 요소이다. 가족의 구성원이 똘똘 뭉쳤을 때 좋은 일이든 어려운 일이든 헤쳐 나갈 수 있는 힘이 배가 된다.

사람들이 시대에 요구하는 것도 그러한 통합이다. 그러나 당파성과 이데올로기적 측면에 몰두하는 것은 대립의 간극을 점점 벌리고 통합을 힘들게 한다. 독단적인 주장을 버리고 책임감 있는 태도와 지속적이고 다수를 위한 방안을 고민하는 사람이 많아질 때, 통합의 길은 비로소 넓어질 수 있다.

그러기 위해서는 서로를 의심하고 견제하는 태도를 떠나 서로간의 동료의식을 쌓아나갈 필요가 있다.

"사람들은 이상주의와 현실주의 사이에서 균형을 잡고, 타협할 수 있는 것과 없는 것을 구별하며 상대방에게도 가끔은 귀담아 들을 만한 주장이 있다는 점을 받아들이는 그런 정치를 기다립니다."

여러 개로 나누어진 당이나 조직은 서로가 하나의 목표로 향해 달려가는 사람들임을 잊지 말아야 한다. 2인 3각 경기를 하는 사람들처럼 서로의 호흡과 동료의식이 무엇보다 중요하다는 사실을 말이다.

오바마는 대통령이 되기 전 "민주당원과 공화당원, 무소속을 막론하고 선의의 미국인들이 모두 뭉쳐, 변화를 일구어 낼 다수를 형성해야 한다."고 말하며 통합의 정치를 높이 외쳤다. 그리고 대통령이 된 뒤에는 이를 직접 실천에 옮겼다. 오바마가 추구하는 통합의 정치와 그의 실천력은 통합을 갈구하는 사람들의 마음과 정확히 맞아떨어졌다. 그것이 오바마를 미국 첫 흑인 대통령에 이어 재선 대통령으로 우뚝 서게 만든 힘이다.

어떤 사람들은 오바마 대통령을 가리켜 지나치게 온건주의적이라고 표현하기도 하지만 그보다는 '보수의 목소리로 진보를 말하는 사람'이라는 표현이 더 맞는 것 같다. 정과 반이 합쳐져 좀 더 나은 결과가 도출될 수 있는 것처럼 보수와 진보가 마음을 합해 발전적 통일을 이뤄나가는 것이 통합의 리더십이다.

조직이나 사회에서도 마찬가지다. 오바마 대통령이 보여주는 통합의 리더십은 결코 상대방에게 무너지는 것도, 나를 버리는 것도 아니다. 나를 지키고, 상대방을 지키는 것, 일종의 Win-Win 전략인 셈이다. 거시적인 시각을 가지고 세상을 바라보자. 눈앞의 이익보다는 더 커다란 가치들이 눈앞에 떠오를 것이다.

05
약점도 강점으로
승화시켜라

- 긍정의 리더십 -

어려운 상황에 부딪히거나 실패를 겪을 때 대부분의 사람들은 쉽게 절망의 나락으로 빠지거나 자신감을 잃어버린다. 만일 어떤 조직의 리더가 그런 사람이라면 그를 따르는 사람들의 사기는 저하되고 조직은 균형을 잃게 되고 말 것이다.

그렇기 때문에 리더에게는 긍정적인 사고방식과 여유가 무엇보다 중요하다. 그 시작이 바로 자신감이다.

에디슨은 "만일 우리가 우리의 실력을 다 발휘한다면 실제로 우리는 깜짝 놀라게 될 것이다"라고 말을 했다. 이 말처럼 인간은 누구나 잠재된 능력을 가지고 있다. 겉으로 드러나는 우리의 능력은 빙산의 일각일 뿐이며 인간은 자기가 생각하는 것보다 훨씬 많은 능력을 가지고 있다.

도전하면 안 될 일은 없고 하려고만 마음먹는다면 할 수 있다는 마음가짐, 뭐든 할 수 있다는 긍정적인 자세는 사람들을 모이게 하고 조직을 일으켜 세운다.

오바마 행정부 1기를 겪으며 경제개혁을 성공적으로 이끌지 못했음에도 불구하고 미국인들이 다시 오바마를 선택한 이유는 그가 '할 수 있는' 사람이라고 느끼기 때문이다. 오바마가 처음 대선에 출마할 당시, 그가 진실로 미국의 대통령이 되리라고 기대한 사람들은 많지 않았다. 그런 그가 지금은 재선 대통령의 자리에 올라있다. 오바마는 처음부터 지금까지 해낼 수 있다는 긍정적인 사고방식으로 선거전에 임했고 현재에 이르렀다. 그는 자신감 넘치는 어조로 다른 누구도 아닌 그 '자신'이 미국을 변화시킬 수 있다고 말한다.

"그는 낙관적이고 분노가 없습니다. 부정적인 이슈에 대해서조차도 긍정적으로 생각하려고 노력하죠."

뉴저지주지사 존 코진은 오바마에 대해 이렇게 평한 바 있다. 그 말처럼 그의 긍정적 리더십은 사람들의 마음을 사로잡았다. 오랜 전쟁과 패권 싸움에 찢겨진 미국 정치에 부정적인 전망을 가졌던 사람들은 그의 긍정적 리더십을 통해 다시금 희망의 전망을 안고 미래를 꿈꾸게 되었다.

사실 오바마에게는 부정적으로 생각될 만한 상황들이 매우 많았다. 흑인 혼혈아로 태어나 아버지 없이 보낸 시간들이나 인종차별로 인해 발생한 열등감, 정치인이 되어서는 청소년기의 방황으로 인한 마약 복용이 그의 발목을 붙잡았다. 마약을 복용했던 과거는 정치인으로서 꽤나 치명적인 약점이기도 했다.

선거에 임할 때는 자금력을 동원하기 힘들어 어려움을 겪었고, 9·11테러가 터졌을 때는 정치생활에 지장이 갈 만큼 이름으로 인한 구설수에 시달리기도 했다.

그러나 그는 모든 상황들을 슬기롭게 극복했다. 사람들이 자신의 약점이라고 생각하는 그 모든 부분을 오히려 강점으로 만들어나갔다.

오바마는 태생적 부분으로 인한 인종적 차별을 스스로 극복했고 스스로 차별을 겪었던 사람으로서 그 밖에 모든 차별의 문제를 포용할 수 있는 사람임을 보여주었다. 흑백의 혼혈이란 부분도, 그렇기 때문에 그는 흑인과 백인 양쪽이 겪는 꿈과 공포를 알고 있다. 그래서 양쪽 모두를 이해할 수 있는 '일반인과는 다른 시각'으로 볼 줄 아는 위치임을 부각시키기도 했다.

그리고 자신의 회고록을 통한 솔직한 기록을 통해 아버지와의 화해, 가족들의 이야기를 적나라하게 보여줌으로써 사람들의 공감을 얻었다. 마약 복용의 문제 역시 숨기거나 멋쩍어하기보다는 자신의 부끄러웠던 지난 과거로서, 솔직하고 당당하게 인정했다.

"나는 마약 중독자 혐의를 받을 만하다."

대선 후보로서 이렇게 스스로를 인정하는 일은 정말 어려운 일이다. 그러나 그런 자세가 오히려 그가 비범한 사람이라는 것을 보여주었다.

또 정치에 입문해서 자신을 도와줄 사람들과 선거자금이 턱없이 부족한 실정 속에서도 자신이 할 수 있는 범위에서 최선을 다했다. 스스로 발로 뛰면서 한 사람 한 사람과 만나고 이야기하며 그들을 설득해 나갔다. 그리고 놀랍게도 그의 의지대로 성공했다.

'오바마'라는 이름으로 겪었던 불편을 극복하기까지의 이야기들은 흥미롭기까지 하다. 오사마 빈 라덴, 사담 후세인과 이름이 비슷했던 오바마였다. 9·11테러는 당시로서는 너무나도 충격적인 사건이었기 때문에 오바마라는 이름을 가진 사람이 선거에 나온다는 자체부터 말도 안 된다는 분위기가 팽배했다.

그러나 오바마는 아버지가 주신 이름 '버락 후세인 오바마'를 결코 포기하지 않았다. 그는 자신의 이름을 있는 그대로 사용하는 대신 사람들이 가진 인식의 벽을 깨기 위해 노력했고 그 이름으로 농담을 던질 정도의 경지에 이르렀다.

이러한 행보들을 살펴보면 모든 약점을 강점으로 승화시켜 나갔던 그의 긍정적 자세는 보통 사람들이 보기에 혀를 내두를 정도다.

하려고만 하면 된다

긍정적 리더십은 안 되는 것도 되게 만든다. 오바마는 현재 최초의 흑인 '재선' 대통령이 되었다. 사실 그 누구도 예상하지 못한 일이었다. 오바마가 대통령에 처음 출마할 때만 해도 흑인이 대통령 선거에 출마하는 것조차 큰 이슈가 될 만큼 인종에 대한 편견이 남아 있었다. 대통령 후보는커녕 흑인이 정치인으로 이름을 날리는 것만으로도 대단하다고 생각할 정도였으니 말이다.

사실 다른 민족을 멸시하는 자기민족중심주의는 인간의 본성 가운데 하나라고 한다. 본성론을 떠나서라도 미국의 역사 속에는 흑인을 노예화했던 얼룩진 과거가 있다. 노예 해방은 그리 오래된 과거가 아니며 차별과 편견은 여전히 존재한다.

인종에 대한 무의식마저도 그러하다. 이에 관해 심리 실험이 실시된 적도 있었다. 그 결과 미국 사회에 사는 사람들의 대부분은 흑인을 백인보다 열등하다고 여기는 무의식이 잠재되어 있었다. 게다가 스스로 인종차별주의자가 아니라고 생각하는 사람들 역시 그러한 무의식을 가지고 있다는 충격적인 결과가 나오기도 했다.

우리가 무의식적으로 품고 있는 선입견이란 그만큼 대단하고, 그래서 선입견을 깨기란 무척 어려운 노릇이다. 게다가 한 사람이 아니라 미국 전 사회가 선입견을 가진 대상이라면 보통 사람들은 감히

엄두도 내지 못했을 것이다.

선입견 깨기의 시작은 '하면 된다'는 긍정적 자세이다. 그래서 오바마의 대선 출마는 사회의 선입견 깨기에서부터 시작되었다. 그 과정은 결코 쉽지 않았을 것이다.

오바마는 흑인이 어떻게 대통령이 될 수 있겠느냐는 비웃음을 딛고 몇 배의 자신감으로 무장했다. 그리고 사람들의 무의식까지 정면 돌파해 대통령이 되었고, 4년 뒤인 오늘 재선 대통령으로 다시 우리 앞에 섰다. 이 과정을 통해 오바마 대통령이 인종에 대한 무의식을 깰 수 있었다는 것은 대단한 의미를 지닌다.

오바마의 긍정적 사고는 미국 전역의 사람들에게도 전파되어 오바마의 초선 때는 물론 재선 때에도 선거에 관심이 없던 젊은 층들이 높은 참여율을 보였다. 긍정의 힘을 다시금 느끼게 하는 예이다.

이러한 긍정적 리더십을 가지기 위해서는 일단 자신을 존중하고, 자신을 신뢰하는 자세가 필요하다. 모든 리더십의 시작은 자신감이다.

미국의 국가신용등급 강등이란 사상 초유의 사태를 맞았을 때 오바마 대통령은 "일부 신용평가기관이 뭐라고 하든지 우리는 언제나 'AAA'등급 국가였고 앞으로도 그럴 것이다"라고 반박했다. 오바마의 긍정적인 사고방식이 여실히 드러나는 대목이다.

모든 것을 내 책임으로 돌려 자신을 책망하면, 자신의 존재 기반이 무너지고 만다. '나쁜 것은 나야'라는 생각으로 자신의 일거수일투족에 대해 주위의 시선을 신경 쓰다보면 자신의 좋은 점을 살릴 수가 없고, 결과적으로 좋은 성과를 내기가 어려워진다.

대신 자기 자신을 확실하게 확립해야 한다. 그것은 자기 자신밖에 할 수 없다. 외부에서 발생한 문제는 누군가의 도움을 받아 해결할 수도 있지만, 자신을 확립하는 일을 남에게 맡기면 그 순간부터 자신을 잃게 된다. 다른 사람과 상의를 하거나 정신교육을 받는 것은 유익하겠지만 결국 마지막에는 해결해야 한다.

외부에서 발생한 문제를 확실하게 처리하는 것뿐 아니라, 자기 자신이 만들어낼지도 모르는 문제를 자신의 내면을 관찰하고 냉정하게 판단하여 자신의 장점을 죽이는 일 없이 해결할 수 있는 능력이 필요하다.

자신을 존중하고 확고한 나를 확립하라

오바마는 꽤 오랫동안 영어식 애칭인 베리(Barry)라는 이름을 사용했다. '버락'이라는 그의 아프리카식 이름이 발음하기가 어려워서다. 그런데 대학에 입학하며 자신의 정체성에 눈뜨고 스스로를 존중하고 긍정하기 시작하면서, 어릴 때부터 써왔던 자신의 애칭을 더 이상 사용하지 않게 된다. 그 대신 사람들에게 자신의 이름이 아프리카식인 '버락'임을 강조한다.

왜일까. 그것은 오바마가 비로소 자기 존중의 마음을 갖게 되었음을 뜻한다. 자신을 사랑하고 존중함으로써 흑인으로서의 정체성이 살아있는 자신의 이름까지도 소중히 여기게 된 것이다.

자기 존중감을 확립하기 위해 스스로 자신에게 질문을 던져 보자. '나는 내게 자신이 있는가?'라고 말이다.

자기존중, 자기신뢰라는 말을 그대로 써서 질문하면 이런 형태가 된다. '자기 자신을 신뢰하고 존중하는가? 신뢰와 존경의 바탕에 있는 것이 무엇인가?' 평소 이런 것들을 생각해본 적이 없기 때문에 곧바로 답이 떠오르지 않을 수도 있다. 그렇다면 질문을 바꾸어 자문해 보자. 알기 쉽게 "나는 내게 자신이 있는가?"라고 해도 좋다. 이때 대답은, "예", "아니요"가 아니라 왜 자신이 있는지 그 이유도 분명히 밝혀야 하고, 자신감의 토대를 자기 자신의 외부가 아닌 내면에 두는 것도 잊지 말아야 한다.

자기존중이 흔들리면 어떠한 일이 일어날까. 자신감의 기초가 무너져 동요가 일어나고, 그것은 상담을 해야 할 만큼 심하지는 않겠지만, 무언가를 결정할 때 미묘한 영향을 끼친다.

무슨 일이든 '질 것 같다' 라든가 '자신이 없다'는 등의 '실패'와 연관되는 감정을 품지 않도록 하는 것도 중요하다.

자신감은 커다란 파워를 낳고, 자신 있게 일을 밀고 나갈 수 있는 추진력을 만든다. 긍정적인 태도를 갖는 리더들에게는 사람들이 공감할 수 있고, 믿고 따를 수 있는 자질이 필요한 것은 물론이다.

오바마가 대선에 출마한 초기, 오바마에 대한 사람들의 생각은 '너무 젊다' '너무 경험이 없다' '너무 검다'라는 것이었다. 그러나 오바마에 대한 인식이 바뀐 이후에는 젊기 때문에 혁신적이어서 좋고, 경험이 없어도 변화를 일구려는 자세면 충분하다고 생각하며, 그가 흑인으로서 대통령에 당선된다면 그만큼 사회의 통합과 화합이 이루어질 수 있다고 생각했다. 조금 과장해 말하자면, 자신들도 모르게 사고의 전환이 이루어진 셈이다.

간절히 바라면 이루어진다는 말이 있다. 그것을 가리켜 피그말리온 효과라 부른다. 그리스 신화에 나오는 피그말리온이, 자신을 조각한 조각상이 여인이 되기를 간절히 바라고 바란 결과, 그 꿈을 이루었다는 전설에서 비롯된 말이다.

긍정적으로 생각하고 긍정적으로 행동하면 결과도 좋은 쪽으로 기울어지는 법이다. 어떻게 변할지 한치 앞을 예견하기 힘들 만큼 세상은 급박하게 돌아간다. 이런 세상에서 21세기의 리더는 흔들림 없이 굳건한 자세를 견지해야 한다. 자신을 믿고, 자신을 따르는 사람들을 믿고, 긍정적으로 사고하며 목표를 위해 열심히 매진하는 자세를 가져야 한다. 이것이 버락 오바마 대통령이 보여주는 긍정의 리더십이다.

06

비범함으로 평범함을
실천하는 리더

- 서민적 리더십 -

오바마의 인기 요인 중의 하나는 친근함이다. 그는 대통령으로서
는 드물게 서민적이고 친근한 이미지로 어필하고 있고, 그것은 그가
가진 커다란 장점 중의 하나이다.

정치인이나 기업의 CEO와 같은 유명 인사 가운데 훌륭하다고 생각
되거나 존경심을 갖게 하는 사람은 많다. 그러나 그런 사람이라도 편안
하고 친근하다는 느낌을 주는 사람은 거의 없다. 일반 대중이 보기에
그들은 마치 딴 세상 사람들처럼 너무나 거리가 멀다는 느낌을 준다.

그와 같은 괴리감은 무엇에서 비롯되는 것일까? 그들의 면면을 살
펴보면 그들 대부분은 엘리트이자 상류층이며 그런 만큼 살아온 환경

도 다르다. 명문 집안, 명문 학교, 학식 있는 부모 아래에서 성장한 그들은 서민의 생활을 겪어보지 못한 사람들이다. 아마도 그런 점들이 그들과 대중의 괴리감을 낳게 할 것이다. 게다가 권력과 명예에 힘입어 특권의식까지 갖게 되는 경우라면 괴리감은 더욱 심해질 수밖에 없다.

미국 정치인들의 경우 유명한 정치 가문이 따로 있을 정도다. 조지 부시의 집안은 대대로 정치를 소명으로 생각하는 집안이었으며 오바마와 동일시되고 있는 케네디 역시 유명한 정치 가문 출신이었다.

그러나 오바마는 정치인으로서는 보기 드문 친밀감을 대중에게 보여주고 있다. 대통령이라는 위치에 올랐음에도 그가 전해주는 느낌은 여느 평범한 사람들과 다르지 않다. 아마도 그 역시 서민층으로서 울고 웃는 삶을 살아온 경험 때문일 것이다.

오바마는 평범한 성장과정과 일상적인 사고방식을 가진 서민층을 대변한다. 혼혈이라는 평범하지 않은 출생이며, 어머니의 재혼으로 인한 잦은 이주를 겪었지만 전체적으로 볼 때 그는 '보통 사람'들과 다르지 않았다.

그는 우리가 주변에서 흔히 만날 수 있는 할아버지, 할머니와 함께 성장했으며 아주 어려운 형편은 아니어도 그럭저럭 살면서 다투고 화해하기를 반복하는 평범한 가정에서 자랐다. 게다가 서민들 사이에서 빈민 조직가 생활을 했던 이력도 있다. 그래서 그는 서민층의 생각하는 바에 대해서, 우리네 일상사에 대해서, 일반 대중이 무엇을 원하는가를 누구보다 더 잘 아는 사람이다.

그는 우리 주변에서 흔히 볼 수 있는 아버지들처럼 보수적인 측면을 지니고 있기도 하다. 청소년들의 예절을 중시하고, 딸의 친구나 알고 지내는 아이들이 '감사합니다,' '실례합니다'라고 말하는 것을 들을 때 흐뭇해한다. 또한 주말이면 가족과 같이 시간을 보내기를 누구보다 더 고대하고, 바쁜 아내와 두 딸을 위해 요리를 하고 설거지도 하는 남자이다.

오바마 대통령은 위엄 있게 보이고 싶어하거나 특별하게 보이려고 애쓰지 않는다. 오히려 그는 자신의 평범함을 드러내려 노력한다. 대통령이 되던 해 오바마가 조 바이든 부통령과 백악관 밖의 한 햄버거 가게에서 점심식사를 한 일화는 유명하다.

두 사람은 그날 버지니아주 앨링턴의 한 햄버거 가게를 찾았다. 그리고 먼저 온 손님들의 뒤에 얌전하게 줄을 서서 차례를 기다렸다. 그들을 본 손님들은 깜짝 놀라서 먼저 주문하도록 양보했지만, 오바마 대통령은 가벼운 미소로 사양하면서 시민들과 가벼운 대화를 나눴다.

마침내 차례가 온 두 사람은 치즈버거를 주문했고 각자 계산했다. 가게 점원이 돈을 받지 않겠다고 하자 오바마 대통령은 "우리가 돈을 내지 않으면 기자들이 우리의 '무임승차'를 쓸 것"이라고 농담을 던진 뒤 계산을 하고 나머지 잔돈은 점원에게 팁으로 건넸다.

이처럼 서민들과 눈높이를 함께 하려 노력하는 오바마는 그 자신이 서민들의 삶을 잘 아는 만큼 사회의 다수를 차지하는 그들의 삶에 무엇이 필요한가에 대해서도 누구보다 잘 알고 있다.

"내가 만난 많은 미국인들은 우리 할아버지처럼 활달하고, 할머니처럼 현실적이고, 어머니처럼 친절한 사람들이었습니다. ……부자들은 가난한 사람들이 하루빨리 가난에서 벗어나기를 바라고, 가난한 사람들도 자포자기보다는 더 열심히 일하려고 합니다. 지금의 미국 정치에 필요한 것은 바로 이런 보통사람들을 격려하는 정책들이라고 생각합니다."

그는 평범한 사람으로 태어나 평범하게 살아왔지만 로스쿨과 민권 변호사, 상원의원, 대통령을 거쳐 이제는 재선 대통령이라는 비범한 위치에 서게 되었다. 그렇지만 그는 여전히 평범한 사람의 눈높이에서 평범한 사람들을 위한 정책을 펼치려고 노력한다.

평범에서 비범으로 나아간 그는, 이제 비범한 위치에서 평범함을 실천하고 있는 것이다. 오바마의 이러한 서민적 이미지는 대중들에게 친근한 느낌을 전달한다.

대중의 눈높이에서 느끼고 생각하라

오바마 대통령은 평범한 대중에게 가장 도움이 될 수 있는 법과 가치를 소중히 여기는 사람이다. 대통령이 된 이후 그가 추진한 정책들은 대부분 서민들을 위한 것이었다.

리더는 개인적인 영역을 제외한 사회적 영역에서는 구성원들을 책임지고 이끌어나갈 의무가 있다. 그런데 그들은 종종 자신이 해야 할 일을 잊어버리는 오류를 범한다. 심한 경우에는 구성원 자체를 망각하기도 한다. 그러한 리더들은 리더로서의 자격이 없을 뿐만 아니라 결국에는 구성원들의 외면을 받을 수밖에 없다.

오바마는 대통령이라는 자신의 위치가 국민이라는 구성원을 대표하는 자리임을 잊지 않는다. 그렇기 때문에 가장 다수의 구성원인, '평범한' 대중들을 위한 정책을 실현하기 위해 최선을 다한다. 그러면서 그는 '보통의 미국인이 원하는 가치를 구현하기 위해 싸울 것'을 다짐한다.

"그동안 미국은 사회를 아우르는 공감대를 갖지 못했습니다. 정치인들 역시 보통의 미국인과 같은 공감대를 가지고, 보통의 미국인이 원하는 가치관을 구현하기 위해 싸워나가야 합니다."

오바마의 이 말은 수많은 대중들의 마음을 감동시켰다.

그는 그 평범하고 소박한 가치들이 얼마나 소중한가를 잘 알고 있다. 그가 대통령이 된 것도 이처럼 소중한 가치들을 지키기 위해 안정된 사회와 튼튼한 국가를 만들겠다는 일념에서였다.

오바마의 눈높이는 '평범한 사람들'이다. 백악관을 방문한 한 직원의 어린 아들이 대통령 집무실에서 버락 오바마 대통령을 만났다.

아이는 대통령에게 "머리를 만지고 싶다"고 했고 오바마 대통령은 허리를 숙여 그 꼬마가 자신의 머리를 만지게 했다. 이 모습은 그대로 사진에 담겨 대중들에게 공개되었다. 오바마의 눈높이가 서민에게 맞추어져 있음을 상징적으로 나타내는 장면이다.

그는 사람들이 점점 정치에 무관심해지는 이유가 정치인들이 대중들의 마음을 헤아리지 못했기 때문이라고 생각한다. 하지만 오바마 대통령은 사람들의 마음을 보고 그들의 '목소리'를 들으려고 노력한다.

무엇보다 내가 많은 생각을 했던 것은 선거 유세 중 만났던 수많은 사람들의 목소리였다. 나는 게일즈버그에서 만난 팀 휠러와 그의 아내의 호소를 기억했다. 이 부부는 어떻게 하면 10대 아들에게 간 이식 수술을 해줄 수 있을지 노심초사했다. 나는 이스트몰린에서 만난 시머스 에어런이라는 젊은이의 자부심을 기억해 냈다. 이라크 출정길에 오른 그는 조국에 봉사해야 한다는 의욕이 넘쳤지만 자부심과 함께 아버지에 대한 염려가 얼굴 표정에 드러났다. 나는 이스트세인트루이스에서 만난 이름 모를 젊은 흑인 여성을 기억했다. 그녀는 가족 중에 고등학교를 제대로 마친 사람조차 없지만 자신은 대학에 진학하고자 애쓰고 있다고 말했다.

그는 이처럼, 사람들이 가진 소소한 일상의 바람들을 알고 있었기에 대선 후보 시절부터 그 마음들을 대변하겠다고 말했다.

"가끔 등록금 대출을 받지 못해 다니던 대학을 그만둬야 할 처지라는 학생들의 이메일을 받을 때가 있습니다. 정부가 진정 도와야 할 이들은 바로 이런 이웃들이 아닐까 싶습니다."

"시카고 사우스사이드에서 읽지 못하는 아이가 있다면, 그건 내 삶에서 중요한 일입니다. 그 아이가 내 아이가 아닐지라도 말입니다……처방전에 돈을 지불할 수 없어 약과 집세 사이에서 고민하는 노인이 어딘가에 있다면, 그것은 제 삶을 더 가난하게 만듭니다."

오바마는 대학 등록금 문제도, 학교 제도 개혁도, 케이블 TV에 나오는 마약이나 폭력 장면을 규제하는 것도 정치인이기 이전에 두 딸을 둔 아버지로서 해야 할 일이라고 생각한다. 그래서 그는 대통령이 된 후 의료보험 개혁과 함께 그 동안 은행이 해왔던 대학등록금 융자사업을 정부가 대신하는 법안을 포함한 교육 개혁안을 통과시켰다.

그는 미국시민들이 원하는 것이 거창한 이념 따위가 아니라는 것을 안다. 사람들이 원하는 것은 그저 자유롭고 행복하게 사는 것, 자녀들을 잘 교육시키는 것, 예의와 도덕이 있는 사회가 되기를 바라는 정도라는 것을 말이다.

훌륭한 리더라면 구성원들의 눈높이에서 느끼고 생각할 줄 알아야 한다. 그들이 무엇을 필요로 하는가를, 무엇을 간절히 원하고 있는가를 제대로 파악할 줄 알아야 한다. 그래서 훌륭한 기업 리더는 노조와의 관계에도 적극적이며 그들의 불만과 요구사항에 대해 항상 귀 기울이며 좋은 관계를 유지하려고 노력한다.

겸양의 마음을 지녀라

구성원들의 이해와 요구에 귀 기울이는 사람들은 겸양이라는 미덕도 동시에 갖고 있는 경우가 많다.

경영학자 짐 콜린스는 위대한 리더들의 공통점으로 '조용한, 자신을 낮추는, 겸손한, 조심스러워하는, 수줍어하는, 정중한' 등의 단어들을 꼽았다. 이 단어들을 대표할 수 있는 단어가 '겸양'이다. 즉, 훌륭한 리더들은 대부분 겸양의 정신을 지니고 있다는 뜻이다.

콜린스는 또, 리더십의 계층 구조를 5단계로 구분한 바 있다. 제일 아래 단계인 1단계는 유능한 개인 구성원을 가리킨다. 그리고 2단계는 팀 단위의 팀 구성원, 3단계는 경쟁력 있는 매니저, 4단계는 효과적인 리더이다.

마지막으로, 계층 구조의 가장 높은 단계인 5단계는 콜린스가 가장 강조하는 특별한 리더들의 자리이다. 그가 말하는 5단계 리더는 개인적 겸양과 직업적 의지가 융합된 고차원적인 정상의 리더를 말한다.

이 단계의 리더에게는 겸손함이 몸에 배어 있고, 조직의 목표가 성공했을 때는 조직의 공로로 돌리고 거울이 아니라 창문을 본다고 콜린스는 설명한다. 5단계 리더의 특징은 대개 이런 것들이다.

- 비길 데 없는 겸손함을 보이며 대중 앞에 나서서 떠벌리기를 꺼린다. 제 자랑을 늘어놓는 법이 없다.
- 조용하고 차분하게 결정하여 행동한다. 사람들을 고무하는 카리스마보다는 주로 한층 높은 기준에 입각하여 동기를 부여한다.
- 자기 자신이 아니라 전체 조직을 위한 야망을 품는다. 차세대의 후계자들이 훨씬 더 큰 성공을 거둘 수 있는 기틀을 갖추어 준다.
- 회사가 성공했을 때에는 거울이 아니라 창문 밖을 내다보며 다른 사람들과 외부 요인들, 행운에 찬사를 돌린다.

콜린스가 말하는 5단계의 리더는 오바마와 상당히 비슷한 모습을 보인다. 대통령이 된 후에도 겸손한 자세를 잃지 않으며, 정책문제로 상대당과 맞붙을 때도 상대를 공격하는 전략을 최대한 절제하는 사람이다.

재선에서 또다시 미국의 화합과 미래를 외쳤던 그가 대중들에게 선택받을 수 있었던 것은 그러한 이유 때문이다. 사실 미국의 희망, 미국의 통합에 대한 주제는 어찌 보면 진부할지도 모른다. 그러나 그

말이 오바마 대통령의 입을 통해 나오면 비로소 진정성을 얻게 된다.

그는 다른 사람의 의견을 잘 경청하고 대중의 바람을 소중한 가치라 여기며 자신의 특권의식을 내세우지 않는다. 미국 사회의 소수 엘리트이며 최고의 명예와 권력을 갖고 있지만, 그에게서는 사리사욕을 채우려는 욕심이 느껴지지 않는다.

이와 같이 오바마 대통령이 가진 겸양과 평범의 소중함을 아는 것, 또 그것을 실천하는 모습들은 사람들의 마음을 끌어당기에 충분하다. 그는 '의미 있는 변화는 항상 일반 대중에게서 시작된다는 것을, 그리고 함께 일하는 시민들이 엄청난 것을 이룰 수 있다는 것'을 아는 사람이다. 흑인으로서 두 번이나 대통령으로 선출된 데에는 그의 서민적 리더십이 큰 몫으로 작용했다고 볼 수 있다.

07
창조적 상상력을
가져라

- 창조적 리더십 -

어떠한 분야에서든 유난히 창조적이고 혁신적인 사람들이 있다. 그러한 사람들은 위험요소를 감수하고라도 새로운 것에 도전한다. 실패하더라도 다시 도전하면 되는 일이고, 성공하게 된다면 조직을 한 순간에 최고의 위치로 올려놓을 수도 있다.

창조는 무에서 유를 창조하는 것이다. 성공과 실패 여부를 떠나 창조는 세상을 끊임없이 발전하게 만드는 원동력이다.

그래서 창조적인 사람들은 그 스스로도 끊임없이 자가 발전하며, 사람들에게 새로운 이미지를 창조한다. 낡은 이미지에 지쳐 있던 사람들이라면 창의적인 모습에 신선함을 느끼고 호감을 갖게 될 것이다.

창조적인 사람들이 조직의 일원인 경우, 그들은 조직의 발전에 지대한 영향을 끼치며 자신을 위해 일하기보다 조직이나 사회, 문화를 위해 기여하려고 노력한다. 이들이 제 능력을 발휘할 때 조직은 좋은 방향으로 변화하게 된다.

세상이 점점 빨리 변해가면서 창조적 리더십은 더욱 중요시되고 있다. 변화가 빠를수록 새로운 것에 대한 요구도 빨라질 수밖에 없기 때문이다. 유행에 따라 재빠르게 대처해야 하는 패션계에서 창의적인 사람을 많이 필요로 하는 것도 그런 이유에서다. 그러나 요즘에는 어느 분야에서든 창조적 리더십을 가진 사람이 요구되고 있다.

특히 리더의 위치에 있는 사람이라면 창의력과 상상력을 갖추는 것은 무엇보다 중요하다. 루트번스타인은 이에 대해 '종합적으로 사고를 할 수 있는 창조적 리더만이 국가 경제는 물론 계층 갈등, 인권, 환경 등 복잡하고 미묘한 문제들을 남들과 다른 방식으로 해결할 수 있다'고 말했다. 창조적 리더십이 바람직한 지도자상의 필수요소가 되어야 한다는 뜻이다.

노벨 문학상을 받은 토니 모리슨은 오바마의 대선 후보 시절 그를 지지하면서 '다른 후보에게서 발견하지 못한 특별함을 발견했다'고 말했다. 그가 말한 오바마의 특별함은 '창조적인 상상력'이었다.

실제로 오바마는 당시 남들과는 다른 선거 전략으로 사람들의 마음을 사로잡았다. 그 누구도 소셜 네트워킹의 힘을 알아보지 못했을 때 소셜 네트워킹을 통해 보이지 않는 유권자들에게 손을 내밀었고, 구체적인 공약을 내세우기 보다는 사람들의 가슴 깊은 곳에 숨어있는 열정을 건드렸다. 작은 사이트와 블로그에서 시작한 온라인의 여론 조성은 큰 불길이 되어 퍼져나갔고, 이를 통해 오바마는 많은 지지자를 얻은 것은 물론 상당한 선거 모금도 거둬들일 수 있었다.

SNS를 이용한 오바마 대통령의 선거 전략은 재선 때도 큰 역할을 했다. 이때는 오바마와 롬니 모두 다양한 SNS 채널 관리에 힘을 쏟았지만, 결과는 오바마의 압승이었다. 특히 오바마 유튜브에 실린 각종 영상은 총 2억 회가 넘는 조회수를 기록하며 오바마 홍보 채널로서의 역할을 톡톡히 했다.

두 후보의 SNS 콘텐츠 대세는 '인포그래픽(Information Graphic: 정보를 시각적으로 표현)'이었다. 인포그래픽은 SNS 상에서 정책이나 공약 같은 딱딱한 이야기를 풀어 전달하기에 최적이기 때문이다. 오바마의 인포그래픽 중 가장 인상적인 것은 '줄리아의 일생(The Life of Julia)' 캠페인. 줄리아의 인생을 통해 연령대 별로 오바마 정책 하에 받을 수 있는 혜택을 알려주고 있다.

예를 들어 오바마 정부에서 3세의 줄리아는 헤드 스타트 (Head Start)라는 미취학 아동을 위한 프로그램에 등록하여 유치원 과정을 밟을 수 있게 된다. 하지만 롬니 정부에서는 헤드 스타트 예산을 20% 삭감할 것이기 때문에 20만 명은 그 기회를 누릴 수 없다고 말한다. 한 여자의 인생이 정책에 따라 얼마나 달라질 수 있는가를 이미지를 통해 강조한 것이다.

반면에 롬니의 경우 오바마가 임기 동안 공약 이행이 얼마나 부족했는지를 드러내는 데 주력했다. 2008년 대선 당시 오바마가 내세운 공약과 실제 결과를 실업, 부채, 건강보험과 같은 주제 별로 나누어 다이어그램으로 그 격차를 보여준 것이다.

두 후보의 인포그래픽의 큰 차이점은 스토리텔링이었다. 오바마 캠프의 인포그래픽 '줄리아의 일생'이 자료의 시각화에 그치지 않고 한 여자의 일생이라는 이야기를 덧씌워 생동감을 부여했다면, 롬니 측의 인포그래픽은 여러 수치와 텍스트를 이미지로 표현한 것에 불과했다. 롬니의 인포그래픽은 객관적인 자료 전달에는 성공했을지 몰라도 유권자의 마음을 움직이는 스토리가 부족했다. 반면에 오바마 캠프의 '줄리아의 일생'은 정책에 친근하고 와 닿는 이야기를 녹여낸 덕에 창의적인 해석 면에서 성공적으로 평가 받았다.

오바마는 SNS 상에서 '우리'를 강조했다. 오바마는 구글 플러스에 남긴 첫 메시지에서 '여러분이 이 공간에서 무엇을 보고 싶은지와 어떻게 활용하면 좋을지를 생각하여 우리의 공간으로 만들어볼 것'을 제시했다.

반면에 롬니는 '나'를 강조했다. 구글 플러스에 남긴 그의 첫 메시지는 '이제부터 1년간, 여러분은 새로운 대통령을 선택할 기회를 갖게 된다'로 대통령 후보로서의 롬니 자신만이 강조되어 있다. 이는 참여와 공유를 바탕으로 한 SNS 세상에서 다소 일방적으로 느껴지는 자세였다. 당연히 오바마의 첫 메시지가 훨씬 더 많은 수의 '좋아요' 수와 공유 수를 기록했다.

이처럼 이전의 많은 정치인들이 거의 시도하지 않았던 방법으로 대중들과 소통하는 오바마 대통령은 그 창의적인 발상으로 대중들에게 더 깊숙이 접근한다. '창조적'이라고 해서 완전히 새로운 전략이어야 하는 것은 아니다. 고정관념이라는 틀을 벗어나 새로운 방식을 추구하는 것이 바로 창조적인 상상력이다.

오바마의 상상력 가운데 가장 빛나는 것은 '지적 상상력'이다. 그는 자신이 읽었던 책에서 만난 위인들 속에서 자신의 정치적 전략을 발견한다. 즉, 지적인 능력을 바탕으로 이 시대의 대중이 원하는 것이 무엇인가를 통찰하고 나아가 그 위인들의 장점을 자신의 장점으로 승화시켰다.

오바마는 링컨과 케네디 전 대통령과 비교되곤 한다. 그는 마틴 루터 킹 목사와도 비슷한 성향을 가지고 있다. 링컨과 케네디와 킹, 이 세 사람의 공통점은 미국이 위기와 침체 상황에 빠져 있을 때 도전과 희망의 리더십으로 미국을 변화시킨 인물이라는 것이다.

오바마는 이들로부터 많은 영감을 얻었고 실제로 자신의 연설 내용에 그들은 자주 등장한다. 그가 제시하는 '변화와 희망'이라는 코드 역시 세 사람의 위인들 속에서 얻은 지적 상상력인 것이다.

그는 링컨 대통령으로부터는 통합의 리더십을 배우고 케네디 대통령에게서는 변화를, 마틴 루터 킹 목사에게서는 평등한 사회에 대해 배웠다. 이처럼 오바마는 자신이 영감을 얻고 세 위인들에게 배운 점을 통합하여 현 시점에 맞게 재창조하는 능력을 보여주었다.

스스로 판단하고 스스로 행동하라

그러나 창조적인 리더는 쉽게 만들어지지 않는다. 관습이나 습관의 힘은 자신도 모르게 굴레가 되는 법이다. 게다가 새로운 가치 앞에서는 기존 질서의 저항이 더 큰 법이기 때문에 창의적 생각의 실천은 더더욱 어렵다.

창조적인 리더십을 가진 사람은 주위를 최대한 의식하지 않는 편이 낫다. 깊은 사유와 판단을 통해 내려진 새로운 생각이라면 자신의 의지대로 밀고 나가는 결단력이 필요하다. 물론 이것을 독단과 혼동해서는 안 된다.

오바마는 스스로 판단하고 스스로 행동할 줄 알았다. 자신의 창의적인 연설의 힘을 믿었고 행한 결과 연설은 대선 후보였던 그를 정치적 스타로 만들었으며, 현재의 그를 만든 발판이 되었다. 남들이 부정적으로 고개를 돌리는 사안에 대해서도 자신의 신념을 믿었다.

"스스로 판단해라. 다른 아이들이 어떤 아이의 헤어스타일이 우습다고 놀린다고 해서 너도 그 아이들과 똑같이 할 필요는 없다." 오바마의 어머니는 어린 시절부터 그가 독립적인 사고를 갖도록 가르쳐왔다. 세상이 정해놓은 규칙이란 아무것도 아니며, 스스로 판단하고 생각해 결정하는 것이 가장 현명한 길이라고 생각했던 것이다. 요즘 말대로 하자면 모두가 '예'라고 할 때 '아니오'라고, 모두가 '아니오'라고 할 때 '예'라고 할 수 있는 독립적 판단력을 뜻한다.

오바마 대통령은 어머니의 그런 가르침대로 성장했고 창조적인 상상력을 가진 리더로서 국민들의 기대에 부응하고자 노력하고 있다.

물론 선행되거나 검증된 바가 없는 생각이나 행동은 위험할 수 있다. 그렇기 때문에 실수도 따른다. 그러나 이를 두려워한다면 창의적, 창조적 리더십은 결코 발휘할 수 없다. 대신 위험하기는 해도 창조적이고 혁신적인 행동은 사람들을 하나의 깃발 아래 모으는데 용의하다. 그런 면에서 용기는 창조적 리더십과 함께 나아가야 하는 덕목이다.

오바마는 관행화된 리더와는 거리가 멀며 매순간 스스로 자신을 만들어 나간다. 오바마의 창조적 면모는 그 주위로 사람들을 몰려들게 하고, 오바마의 사람들은 자신의 리더와 마찬가지로 자유롭고 열린 마음으로 사고한다.

새로운 생각을 끊임없이 고민하고 그것을 전파하는 것은 창조적 리더의 본분과도 같다. 빅토르 위고는 "새로운 아이디어가 제 시대를 만나면 엄청난 힘을 발휘한다"고 말했다. 그 말처럼 오바마의 창조적 상상력은 대중들의 코드와 맞아떨어졌고, 그 위력을 바탕으로 그를 현재의 자리까지 오게 해주었다.

창조적 리더와 창조적 결과

창조적 리더십은 리더 스스로 창조적이어야 하는 부분과 창조적인 사람을 양성하는 능력을 기르는 부분, 두 가지로 나뉜다. 그리고 두 가지가 맞물려, 창조적인 리더와 창조적인 구성원들은 함께 가는 경우가 많다. 창조적인 리더라면 구성원들이 창조적인 사람이 될 수 있도록 적극 도와주는 사람이어야 할 것이다.

그러므로 창조적인 사람들의 능력을 발휘하게 하고 효과적으로 이끌어 나가기 위해서는 일단, 리더 스스로 창조적이고 혁신적인 사고를 해야 한다. 개방적이고 상상력이 풍부하며 괴짜들과도 건설적인 대화를 할 수 있을 만큼 사고의 폭을 넓힌다. 그리고 어떻게 하면 다양한 조직 환경 속에서 창조적인 사람들이 만족할 수 있으며, 나아가 그들과 어떻게 마음을 맞출 수 있는지 고민해야 한다.

이처럼 창조적 리더가 되기 위해서는 내부로부터의 자기 혁신이 먼저 필요하다. 창조적인 리더 아래 창조적인 사람들이 생겨나고 더 나아가 창조적 결과가 나올 수 있다.

창조적인 리더는 창조적인 사람을 충분히 대우하고 격려하는 분위기를 만들어야 하며 조직의 관료주의로부터 창조적인 사람들을 보호해야 한다. 또한 구성원들의 창조 능력과 결과물을 볼 줄 아는 안목, 과거에 전혀 상상하지 못했던 새로운 수준의 품질을 평가할 수 있는 눈을 길러야 한다.

그리고 구성원 전체가 이들을 이해하도록 분위기를 조성하고 다른 구성원들도 창조적인 일의 가치를 인정하게 만든다. 창조적 리더가 능력을 발휘하면 이는 자연스럽게 이루어지는 일이다. 새로운 생각은 신속하게 전파되는 법이며, 그것이 효과적으로 증명이 되면 사람들은 곧 리더의 창조적인 발상을 따르게 된다.

또한 창조적인 인재들이 조직 내에서 공평한 대우를 받을 수 있도록 많은 기회를 주어야 한다. 그리고 창조적인 아이디어를 가진 사람들이 언제든지 리더와 접촉할 수 있는 기회를 부여하는 것도 좋은 방법이다. 그들에게서 창조적인 생각이 떠오를 때마다 즉각 실행에 옮길 수 있는 시스템을 마련하는 것이다.

그리고 창조적인 사람들에게는 반대할 자유가 충분히 주어져야한다. 반대할 자유가 없는 문화 속에서는 상상력이 제대로 발휘될 수없기 때문이다. 따라서 창조적인 리더는 창조적인 사람들의 반대 의견을 존중하고 항상 귀를 기울이는 자세를 견지해야 한다. 창조적 사람들이 자유롭게 사고하고 뜻을 펼칠 수 있는 영역을 만들어 주는 것도 창조적 리더가 할 일이다.

그런데 창조적인 사람들의 반대와는 다른 의미로, 일반 구성원들의 반대에 부딪히게 될 수도 있다. 왜냐하면 창조와 함께 오게 될 변화를 원하지 않는 사람들도 있기 때문이다. 그러나 훌륭한 창조적 리더로서 창조적 리더십을 구현하기 위해서는 반대의 위험은 반드시 극복하고 넘어가야 할 산이다.

어떤 경우는 다수의 사람들이 변화를 거부하는 경우도 있다. 오바마 대통령의 혁신 정신에서 비롯된 개혁 정책들은 변화를 원하지 않는 다수의 대중과 부딪히기도 했다. 하지만 오바마는 자신의 의지대로 정책들을 밀고나갔다. 진정한 리더라면 새로운 변화를 위해 거센 반대를 뚫고 나아가는 저력을 보여야 한다. 반대를 이기고 새로운 변화를 추구할 때 희열은 더 큰 법이다.

창조적인 사람들을 위한 리더가 된다는 것은 스스로가 창조적인 사람이 되는 것만큼 가치 있는 일이다. 그들의 창조적인 발상과 노력으로 이루어진 상품이나 서비스로 인해 기업이 발전하는 것처럼, 결국에는 함께 나아가는 일이기 때문이다.

08

부드럽고 편안한
리더가 되어라

- 여성적 리더십 -

사회는 점점 남성성에서 여성성을 향해 가고 있다. 극적인 예이긴 하지만, 예전에는 여성들이 선호하는 남성은 카리스마 있는 터프남이거나 건장하고 선 굵은 남성인 경우가 많았다. 그런데 요즘은 그렇지 않다. 매스컴이나 인터넷 사이트를 살펴보면 여성들이 좋아하는 남성은 여성처럼 선이 곱거나 따뜻한 미소, 부드러운 태도를 보이는 남성들이다.

미국의 미래학자 존 나이스비트는 자신의 저서 〈메가트렌드(Megatrend)〉에서 21세기를 '3F의 시대'라고 말했다. 3F는 여성성(Female), 감성(Feeling), 상상(Fiction)을 뜻한다. 그래서 현대 사회의 리더들에게는 권위주의적이고 목표지향적인 남성적 리더십보다는 사람과 사람 사이를 더 중요시하고 부드러운 관계를 중시하는 여성적 리더십이 더욱 요구된다. 이는 민주적인 사회 분위기의 확산 덕분이기도 하다.

사실 남성적 리더십이 주도적이었던 20세기에는 여성이 리더십을 발휘할 기회가 많지 않았다. 물리력과 군사력이 필요했던 냉전의 시기이기도 했으며 여성의 사회적 진출도 그만큼 적었기 때문이다.

남성과 여성은 기본적으로 가지고 있는 자질이 다르다. 능력의 차이가 아니라 기질의 차이라는 것이다. 일반적으로 남성은 이기적이며 이성적이고 합리적이며 계산적인 반면 여성은 정서적이며 감정적, 이타적, 관계 지향적이라고 한다. 그리고 남성은 목표를 향해 나아가는 일에는 능하나 융통성과 적응력, 의사소통 능력은 부족한 것으로 나타났다. 이에 반해 여성은 남성이 부족한 이 부분들에 탁월한 자질을 갖고 있다.

이처럼 보통 여성의 기질이라 불리는 이타적, 정서적, 관계 지향적 등의 기질들은 '여성적 리더십'의 요건이 된다.

여성적 리더십의 특성으로는 협동성, 직감, 개방적, 배려심 등을 들 수 있다. 여성적 리더십을 갖춘 사람은 경쟁보다는 협동을 중시하며 문제 해결에 있어 직감에 의지하는 경우가 많다. 정보에 있어서도 개방적이라 함께 공유하려고 하며 다른 사람을 동정하고 배려할 줄 아는 마음을 가진다.

21세기에는 이러한 여성적 리더십을 선호한다. 현대 사회는 정보화 사회, 수직적 관계가 아닌 수평적 관계가 중시되는 사회이기 때문이다.

우리나라에서도 천여 명의 직장인을 대상으로 여성적 리더십과 남성적 리더십 중에 어떤 리더십을 선호하는가를 조사한 결과가 있다. 그 결과 남성 중 61.8퍼센트, 여성 중 95.1퍼센트가 여성적 리더십을 가진 상사를 선호한다고 답을 했다. 그 이유로 '사회의 고도화, 글로벌화로 인한 이해관계 다양화로 갈등을 조정하고 중재하는 능력이 더 많이 필요해져서'라는 응답이 35.6퍼센트로 가장 많았다. 이 결과를 볼 때 이제 남성이든, 여성이든 성별에 관계없이 여성적 리더십을 선호하고 있음을 알 수 있다.

리더는 이제 예전처럼 명령이나 지시를 하는 사람이 아니다. 리더는 통합하는 사람이며 함께 걸어가는 사람이다. 강압적인 명령은 수평적 사회를 사는 현대인들에게는 더 이상 통하지 않는 방법이다.

"딸들이 어머니처럼 멋진 여자로 성장하는 모습을 보는 게 자랑스럽다. 강아지는 한 마리면 충분하다."

"미래를 고민하면서 시카고 길에서 한줄기 빛을 보는 소년은 꿈을 이뤄야 하고 이민자의 자녀도 교육을 받아야 한다."

오바마가 2012년 11월 7일 대통령 선거 승리 연설에서 한 말들이다. 이처럼 가족에 대한 배려나 이타적인 마음, 부드러운 표현들은 여성뿐만 아니라 남성들의 마음까지 사로잡는 매력이 있다.

미국 공화당은 오래 전부터 엄격한 아버지의 느낌으로, 민주당은 다정한 어머니의 느낌으로 정치를 펼쳐온 바 있다. 오바마의 성향도 민주당과 비슷하다. 게다가 사회 분위기가 여성적 리더십을 원하는 방향으로 나아가고 있으니 오바마가 대통령으로 다시 선택된 것에는 이러한 요인도 작용했다고 볼 수 있다.

목표보다 관계를 중요시하라

오바마가 대통령 재선 연설을 할 때의 일화가 한 여성에 의해 페이스북 사이트에 올라 네티즌들의 뜨거운 응원을 받은 적이 있다. 사연은 이랬다.

10주 된 아이의 엄마인 한 여성은 오바마 대통령이 지역 고등학교를 방문해 연설한다는 소식을 듣고 아이와 함께 일찌감치 연설장을 찾았다. 수천 명의 사람들이 밀집한 공공장소에서 모유 수유를 할 수 있을지 자신이 없어서 미리 젖을 짜서 담아갔다.

그런데 오바마의 연설은 그녀가 고등학교에 도착하고 4시간여가 흐른 뒤에야 본격적으로 시작되었다. 먹성 좋은 아이는 이미 짜놓은 우유를 다 먹은 상태여서 대통령의 연설 시작과 동시에 울음을 터뜨릴 기세였다. 그녀는 하는 수 없이 담요로 살짝 가리고 아이에게 젖을 먹이기 시작했다.

그녀는 바로 그때 오바마 대통령이 그녀를 바라보며 미소 짓는 것을 발견했다. 오바마는 연설이 끝난 뒤 수많은 인파를 뚫고 그녀에게 다가가더니 인사를 건네고는 "아이를 주세요"라고 했다. 아이를 건네받은 오바마는 아이를 안고 춤을 추더니 아이 이마에 입 맞춘 뒤 아이의 엄마에게 "잘 했어요"라고 말했다.

수많은 사람들은 오바마가 갑자기 왜 그런 행동을 했는지 의아해했지만, 그 이유를 알 수 있었던 아이 엄마는 환하게 웃으며 말했다.

"그동안 수많은 사람 앞에서 모유 수유를 하는 것이 두려웠지만, 난 아마 미국 대통령이 보는 앞에서 가슴을 드러내고 당당히 모유 수유를 하고, 또 지지받은 유일한 여성일 거예요."

오바마는 따뜻한 느낌을 가진 여성적 리더십으로 사람들에게 다가서는 리더이다. 또한 주변을 돌아볼 줄 아는 미덕을 가지고 있다. 목표지향적인 기질은 남성적 성향이며, 주위 관계를 생각하는 기질은 여성적 성향이다. 그런 면에서 그는 수평적 관계를 중시하는 여성적 리더십을 보여주는 리더라고 볼 수 있다.

오바마가 쓴 저서가 미국에서 베스트셀러가 될 수 있었던 것은 그의 유려한 글솜씨 덕분이기도 하지만, 내용 전반적으로 관계를 소중히 여기는 사고방식이 엿보였기 때문이다. 오바마의 주요 키워드로 자주 등장하는 포용과 통합, 희망과 같은 단어들은 그 자체만으로도 여성적 리더십의 단초를 보인다.

아내와 두 딸, 그리고 가족들에 대한 애틋한 마음을 수없이 언급하며 사람들과의 눈높이를 맞추는 것도 그의 인기요인 중의 하나다. 그의 방식은 리더와 사람들의 거리감을 없애거나 좁혀나가게끔 한다.

오바마가 이처럼 따뜻하고 부드러운 리더십을 가지게 된 것은 무엇일까. 거기에는 환경적인 부분과 자신의 꿈, 그리고 후천적인 노력이라는 원인이 있을 것이다.

환경적인 측면은 그가 여성들 사이에서 커왔다는 점이다. 오바마의 아버지는 2살 때 케냐로 떠났고 이후 그는 할머니와 어머니의 보살핌 속에 자라왔다. 물론 할아버지도 있었지만 오바마의 가정은 여성의 목소리가 무시되지 않는 곳이었다.

그는 스스로도 '내 삶의 중심을 잡아 준 것은 여성들'이었다고 말한다. 외할머니는 오랫동안 그를 뒷바라지하며 아낌없는 사랑을 베풀어 왔으며, 어머니 역시 무한한 사랑과 엄격한 교육으로 아들을 키워냈다.

또한 시대를 읽어내는 눈과 함께 키운 자신의 꿈이 있었을 것이다. 그는 세상이 어떻게 변화해 왔으며, 21세기의 리더는 어떠한 모습으로 서야 하는가를 잘 알고 있었다. 자신의 꿈은 바로 그 길 안에 있기도 했다.

오바마가 가진 꿈의 핵심이라 할 수 있는 것은 '공동체 의식'이다. 시카고의 활동가로 일했던 것도 모두 함께 잘 사는 공동체를 일구기 위함이었던 것처럼, 그는 모두 함께 성장하고 함께 나아가길 바란다. 오바마의 공동체 의식은 다름 아닌 여성적 리더십의 모습이다.

노력은 오바마의 기본적인 성향의 촉진제 역할을 했을 것이다. 어떠한 일에도 노력이 수반되지 않으면 성공할 수 없다. 목표로만 돌진하려는 마음이 생기거나 출세욕이 생길 때, 그는 항상 마음을 다잡고 자신의 주변을 돌아보았다.

오바마가 가진 여성 리더십은 21세기 리더들에게 요구되는 리더십으로서, 최근에 급부상하고 있는 리더십이기도 하다. 그래서 세계의 많은 기업들도 목표 중심에서 점점 관계 중심으로 조직을 움직이는 리더십의 모습으로 변화하고 있다.

부드러움과 강함의 조화

남성적, 여성적 리더십이라고 해서 어느 한쪽으로 치우치는 것은 바람직하지 못하다. 오바마의 경우 역시 여성적 리더십을 갖추고 있다고 해서 남성적 리더십을 가지지 못한 것은 아니다. 그는 자신이 원하는 목표를 향해 꾸준히 질주하는 남성적 자질을 갖춘 한편, 관계를 중시하는 여성적 측면을 함께 가지고 있다.

가장 바람직한 것은 두 가지 측면의 조화다. 남성적 자질, 여성적 자질이라는 양면성 가운데 한 면이 지나치게 강조된다면 훌륭한 리더십이 갖는 균형은 깨어지고 만다.

만일 극단적이거나 강한 남성적 자질 쪽으로만 기울게 된다면 그것은 곧 자기중심적인 권위주의로 변질되거나 독단적 리더십이 될 수 있다. 반대로 한없이 부드러운 여성적 자질로만 기운다면 우유부단으로 인해 결정을 놓치거나 목표나 비전을 상실할지도 모르는 위험을 안게 된다.

예수나 링컨은 어느 쪽으로도 치우치지 않고 남성적 리더십과 여성적 리더십의 조화를 잘 이룬 사람으로 손꼽는다. 오브리 앤더린이란 가정학자는 링컨을 가리켜 '강철처럼 강인하고 벨벳처럼 부드러운 사람이다'라고 평하기도 했다. 그는 자신이 지키고자 하는 원칙과 이루고자 하는 바를 위해 부단히 노력하면서도, 동시에 사람들을 대할 때는 겸손과 부드러움을 잃지 않았다.

이처럼 훌륭한 리더십이란 부드러움과 강함이 균형과 조화를 이루어야 한다. 오바마의 경우도 마찬가지다. 오바마가 가진 남성적 리더십과 여성적 리더십이 이루어낸 하모니가 사람들의 마음을 움직일 수 있었던 것이다. 그가 종종 링컨과 비교되는 것도 부드러움과 강함이라는 두 요소를 가지고 있다는 점 때문이다.

그런 면에서 남성적 리더십과 비슷한 맥락으로 통하는 카리스마 리더십은 현대 사회에서는 그다지 적절하지 않은 리더십이다.

카리스마란 지도자가 가지는 경외적인 특성이나 강하게 끌어당기는 인격적인 특성을 말한다. 카리스마의 종류도 여러 가지가 있으며 대중적 카리스마도 존재하지만 보통 우리가 느끼는 카리스마는 범접하기 어려운 느낌을 준다 .

이러한 카리스마는 1차적으로 사람들을 선도하는데 유용하지만 대중적 친화력을 주는 데는 그다지 좋지 못하다. 여성적 리더십이 부족하기 때문이다. 사람들을 선도해야 한다면 카리스마까지 갈 필요 없이 자신감과 친화력으로도 충분히 흡인력 있는 사람이 될 수 있다.

21세기의 리더십은 카리스마가 넘치는 리더십보다 같은 눈높이로 서서 주변에 귀를 기울이고, 부드럽게 표현하며 사람들에 대한 애정을 보여주는 리더십을 요구한다. 따스함과 우정을 겸비하는 것이 21세기 리더의 요건인 셈이다.

09
인간적인 관계형성에
노력하라

- 공감의 리더십 -

상대방과 가까워지는 길은 서로의 마음을 깊이 공감하는 것이다. 상대방을 알아가면서 '아, 당신도 나와 같이 힘든 일을 겪었구나', '당신에게도 그런 일이 있었다니!' 라고 생각하게 되면 둘의 관계는 점점 밀접해진다. 너와 내가 다르지 않다는 것을, 같은 것에 분노하고 같은 것에 행복해 한다는 것을 느낄 때 사람의 마음은 열리게 마련이다.

이를 위해서는 계속된 만남을 통해 자신을 끊임없이 노출하는 노력이 필요하다. 이는 세일즈와 비즈니스에서 자주 사용되는 기법이기도 하다. 계속 만남을 갖고, 계속 두드리면 어떠한 관계든 결국에는 열릴 수 있다. 열 번 찍어 안 넘어가는 나무 없다는 말과도 일맥상통

한다고 볼 수 있다.

'에펠탑 효과'라는 말이 있다. 프랑스에 가는 여행자들은 파리에 있는 에펠탑을 빼놓지 않고 들른다. 에펠탑 앞에서 찍은 기념사진은 프랑스 여행의 필수가 되었을 정도다. 이 에펠탑이라는 효자상품 덕분에 프랑스는 수백억의 관광달러를 벌어들이고 있다.

그런데 19세기 말 파리에 에펠탑이 건축될 당시에는 파리 시민의 극심한 반대에 직면했다고 한다. 철골 구조로 이루어진 투박한 탑은 예술의 도시 프랑스에 어울리지 않는다고 생각했던 것이다.

그런데 에펠탑이 완성되고 난 후 시민들의 반응은 조금씩 달라지기 시작했다. 에펠탑에 대한 평가는 점차 긍정적으로 변해 갔고 파리 최고의 예술품이라 불리는 현재에 이르렀다.

에펠탑에 대한 이러한 사람들의 변화는, 어떤 대상이 반복적으로 노출될 때 그 대상에 대해 점차 우호적인 감정을 갖게 되는 심리에서 비롯된 것이라고 한다. 에펠탑은 그 엄청난 높이와 크기로 인해 쉽게 노출되었을 것이고, 자주 보게 되면서 에펠탑에 대해 점점 긍정적인 감정을 갖게 되었다는 것이다. 그래서 에펠탑과 같이 반복 노출을 통해 매력이 형성되는 경우를 가리켜 '에펠탑 효과'라고 부르게 되었다.

사람들과 가까워지고 공감을 얻기 위해서는 에펠탑 효과처럼 끊임 없이 사람들을 만나고 대화하는 것이 중요하다. 만남의 과정이 반복

될수록 거부감은 조금씩 사라지고 상대에 대한 친근감이 조금씩 생겨난다.

시카고에서 지역 사회 활동가로 일했던 시절, 오바마는 이러한 관계 형성의 노력과 그 효과를 보여주었다. 물론 처음에는 그 역시 사람들의 많은 저항감과 그로 인한 무력감으로 힘든 시기를 보내기도 했다.

"나는 밤낮으로 사람들을 만날 약속을 정하고 그들을 만났다. 일은 처음 생각했던 것보다 훨씬 힘들었다. 약속을 정하려고 전화기의 번호를 누를 때마다 어떤 저항감을 느꼈다. 수화기 너머 얼굴을 알 수 없는 사람들이 보내는 메마른 감정에 당황할 때가 한두 번이 아니었다. ……때로는 약속한 대로 인터뷰를 하려고 갔는데, 당사자가 약속한 사실을 까맣게 잊은 경우도 종종 있었다."

처음 그가 겪은 어려움은 관계 형성의 초기에 필수적으로 거쳐야 하는 단계와도 같다. 활동가가 되기 위해 시카고로 처음 들어온 그는 '이교도'이며 낯선 이방인에 불과했다. 동조해 주는 사람이 없는 상황에서는 아무리 좋은 계획을 갖고 있다 해도 실천에 옮기기 어렵다. 그렇기 때문에 사회 활동가로서의 성과를 얻기 위해서는 일단 사람들을 알고 가까워지는 노력이 필요했다.

오바마는 사람들을 만나 대화하며 인간적인 관계 형성을 맺어가는 과정을 통해 조금씩 자신을 어필해 나갔다. 각종 주민 모임에 참석하고 이발소나 학교, 교회 등 사람들이 모이는 곳이라면 어디든 찾아갔다.

그렇게 벽을 허물고 자신을 보일 때 그에 대한 보상처럼 사람들도 자신의 마음을 연다. 결국 오바마는 처음의 어려움을 딛고 많은 사람들의 지지 속에 활동가로서 많은 성과를 이루게 되었다.

이처럼 사람과 사람 사이의 관계 형성을 잘하는 것은 깊은 협력관계의 기반이며 의사소통을 원활하게 하고, 쓸모없는 분쟁을 종식시킨다. 그래서 관계에 서툰 사람보다는 관계에 능한 사람이 성공할 확률이 더 높다.

동질감을 느끼게 하라

"다코타 병장, 나는 대통령입니다."

수화기 저편은 백악관, 목소리는 오바마 대통령이었다.

하지만 병장은 근무 중이었다. 그는 단호한 음성으로 대답했다.

"죄송합니다만 지금은 일과 시간이어서 전화를 받을 수 없습니다. 점심시간에는 통화가 가능하니 그때 다시 걸어주십시오."

오바마 대통령은 다코타 병장이 시키는 대로 점심시간에 전화를 걸어서 그가 미국 최고무공훈장인 '명예훈장'을 받게 되었다고 알려주었다.

훈장 수여식에서 오바마 대통령은 병장에게 말했다.

"다코타 병장, 내 전화를 받아줘서 고맙소."

수여식이 끝난 후 오바마 대통령은 다코타 병장과 함께 백악관 정원에서 맥주를 마셨다.

오바마의 이미지는 이처럼 대중적이고 부드러우며 친근하다. 그러나 그가 처음부터 대중적인 이미지를 가지고 있었던 것은 아니다. 이전의 그는 철저한 완벽주의자로 비춰지는 점이 많아 사람들에게 어느 정도의 거리감을 갖게 했던 게 사실이다. 오바마는 그러한 거리감을 줄이기 위해 자신도 평범한 사람임을 강조하는 방법으로 이미지를 바꾸어 나갔다.

첫 대선 출마 시 그는 유세장에서 개인적인 이야기를 자주 꺼냈다. 흑인으로서 살아왔던 삶에서부터 아버지와 어머니, 할아버지와 할머니의 이야기, 그리고 아내와 딸과의 소소한 일상을 이야기했다. 그는 상원의원 선거 때부터 이런 말을 자주 했다고 한다.

"애들이 너무 보고 싶고 미셸도 너무 보고 싶어요. 미셸이 애들한테 정말 잘 하고 계획적으로 지금까지 가정을 잘 꾸려왔으니 전 축복받은 겁니다."

사람들이 생각하기를 보통, 리더의 위치에 올라 있다면 힘들고 어려운 선거 운동 시기에 의연한 자세를 취해야 한다고 생각한다. 힘들어도 힘들다고 표현하지 않고, 개인적인 부분들을 희생하고 감내해야 한다고 여긴다. 그것이 리더의 올바른 자세라고 많은 사람들이 생각한다.

그러나 오바마는 자신이 힘든 부분이 있으면 힘들다고 인정했고, 가족이 그리우면 그립다고 표현했다. 오바마가 다니는 교회의 목사인 제레미아 라이트 목사는 "그에게는 부인과 딸들이 정치경력보다 중요하며, 가족들이 떨어져 있을 때는 더욱 그렇다"라고 말하기도 했다.

남편과 아버지로서의 삶은 우리가 고개를 조금만 돌려도 쉽게 볼 수 있는 삶이다. 오바마는 그런 평범한 형태를 통해 동질감을 획득한다. 오바마의 상원의원 시절 '개미'에 대한 유명한 에피소드는 그가 정치인이기 이전에 한 집안의 가장이자, 남편임을 상기시켜준다.

그가 공동으로 발의한 법안의 청문회가 막 끝났던 시점이었고, 법안의 통과 전망은 낙관적이었던 때였다. 오바마는 아내 미셸에게 전화를 걸어 법안의 중요성에 대해 설명하며 기쁜 마음을 나누려고 했다. 그런데 미셸이 갑자기 그의 말을 끊으며 '개미' 얘기를 꺼냈다.

"집에 개미가 들어왔어."

"정말?"

"내일 집으로 올 때 개미약을 몇 개 사와야겠어. 내가 사도 되지만 난 오늘 아이들 수업이 끝나면 예약한 대로 두 애를 의사에게 데려가야 해. 사올 수 있지?"

"개미약이라, 알았어."

"개미약이야. 잊어버리지 않겠지, 여보? 그리고 하나만 사오면 안
돼."

유쾌한 이 에피소드는 오바마의 사적이고 인간적인 부분을 들여
다보면서 공감을 얻게 한다. 실제로 오바마는 첫 대선 선거운동 기간
에도 학교 학부모 회의에 참석하고, 크리스마스 때에는 함께 트리를
사러 나갔으며 밸런타인데이 때는 아예 유세 일정을 모두 취소하고
가족들과 함께 시간을 보내기도 했다.

그밖에도 그는 두 딸의 발레 공연과 축구 공연에 빠지지 않고 참
석하고 아내와의 기념일에는 두 사람만의 저녁을 직접 준비하기도
하는 남편이다.

지금은 금연에 성공하여 금연운동가로 변신한 오바마 대통령이
지만, 대통령이 된 후 일정 기간 동안은 담배를 끊기 힘들다는 사소한
부분도 대중들에게 솔직하게 표현했다. 그랬을 때 사람들은 그의 의
지박약을 탓하는 대신, '저 사람 역시 그런 사소한 부분에 힘들어하
고 고민하는구나'라는 생각을 갖게 한다. '나와 비슷하다'는 생각, 동
질감을 느끼게 하기 때문이다.

부인 미셸은 더 솔직하고 개인적인 발언을 거침없이 날리기로 유
명하다. 그녀는 오바마의 첫 대선 출마 시, 그가 양말을 아무데나 벗
어놓는다거나 잘 때 코를 곤다는 식의 말들을 공식석상에서 표현했

다. 완벽한 연단 위의 후보를 일상의 아버지나 남편의 모습으로 보이게 하기 위함이었다.

이러한 소탈한 표현들은 사람들로 하여금 오바마에게 동질감을 느끼게 했고, 이것은 곧 공감의 리더십으로 작용했다. 하버드를 나온 유력한 대통령 후보인 오바마 역시 나처럼 생각하고, 나처럼 자녀 교육에 대해 고민하며, 나처럼 자유롭고 행복한 삶을 열망한다는 것을 느낀 사람들은 오바마를 더 친근하고 가까운 사람으로 느끼게 되었다.

같은 목표를 가지고 있음을 상기시켜라

여러 갈래의 길 가운데 리더가 가고자 하는 길이 자신이 원하는 길과 다르다면 그 리더에게 동조할 사람은 없을 것이다. 그러나 리더와 사람들이 같은 목표를 추구하더라도 길을 이끌어주는 힘이 없으면 사람들은 쉽게 따라주지 않는다.

오바마가 가지고 있는 평범하고 서민적인 코드는 많은 미국 대중의 마음을 움직인다. 그는 대단한 가문 출신이 아니며 남들보다 유복하게 살았던 것도 아니다. 그는 평범한 가정에서 태어나 외조부모, 어머니와 함께 살았으며 할아버지가 보험판매원을 하며 어려움을 겪었던 기억, 할머니가 직장생활을 하며 가정을 책임졌던 일 등을 보며 여느 가정에서나 볼 수 있는 평범한 삶을 살아왔다.

어머니의 재혼으로 인도네시아에서 살던 시절에는 비가 오지 않아 쩍쩍 갈라진 논 때문에 시름에 젖은 농부들을 보기도 했고 한 달 동안 쏟아진 폭우로 사람들의 밥줄이었던 염소나 닭이 떠내려가는 모습도 보았다.

오바마는 그런 경험들을 통해 만일 그가 상류층으로 살며 정치인이 된 사람이라면 결코 알 수 없었을 서민들의 애환을 느끼고 표현한다.

오바마의 삶은 다수 대중들의 삶과 비슷한 경로를 거쳐 왔고, 시작점이 같듯 목표도 같은 방향임을 그는 강조한다.

"일하고자 하는 사람이면 누구나 생계를 꾸려갈 만한 일자리를 찾을 수 있고, 병들어도 파산하지 않으며 모든 어린이들이 제대로 교육받고, 가난한 부모를 둔 아이들도 대학교육을 받을 수 있으며, 범죄와 테러 피해를 입지 않고 오염되지 않은 자연에서 살아갈 수 있는 사회를 나는 원한다."

오바마의 대중적 코드는 자신이 가진 평범한 삶에서 시작된다. 그 삶을 바탕으로 자신도 일반 사람들과 다르지 않은 평범한 인간임을 상기시키는 것은 중요하다. 구성원들이 동질감을 느낄 만한 삶이 아니더라도 충분히 다른 부분에서 공통점을 찾으면 된다. 어떤 경우든, 완전히 이질적인 관계 속에도 분명히 비슷하거나 같은 부분이 있는 법이니 말이다.

  그러나 같다는 것만을 강조해서는 안 된다. 동질감으로서 사람들
의 공감을 획득함과 동시에 함께 추구하고자 하는 목표를 상기시키
고 그 길을 향해 왜 나아가는가 하는 동기를 유발시켜야 한다. 동기
유발과 더 많은 자극을 받은 구성원들은 한층 힘을 얻게 된다.

10

'말'이라는 강력한 무기를
능숙하게 구사하라

- 대중 연설가로서의 리더십 -

　수많은 인간관계를 맺으며 살아가는 우리에게는 많은 사람 앞에서 말을 해야 하는 일이 종종 생긴다. 취업을 위해 면접을 보러 갈 때, 고객사를 찾아가 프레젠테이션을 할 때, 취임사와 같이 자기소개를 하거나 상을 수상하러 연단에 나가 소감을 말할 때, 심지어 결혼식 주례나 사회를 봐야할 때도 생길 수 있다.

　사실 자신을 지켜보며 자신의 말에 귀 기울이는 사람들 앞에서 말을 하는 일은 쉬운 일이 아니다. 말 한 마디, 단어 하나에도 신경이 쓰일 것이다. 글은 여러 번 고쳐 쓸 수 있지만, 말이란 한 번 뱉으면 주워 담을 수도 없다. 특히 요즘 같은 정보화 시대에는 '말'의 위력이 정말 대단하다고 느껴진다. 말 한 번 잘 하면 천 냥 빚을 갚을 수도 있지만 그렇지 않은 경우에는 모든 걸 잃을 수도 있는 게 말이다. 어떤 연예인은 '저희 나라'라는 표현을 무심코 사용했다가 네티즌의 거센 항의를 받고 백배 사죄를 한 일도 있다.

이처럼 말이란 무섭고도 대단한 위력을 갖고 있기에 '말 잘하는 습관'을 기르는 것은 자신을 향상시키는데 매우 중요한 덕목이 된다.

물론 사람들이 모두 말을 잘 하는 것은 아니고, 훌륭한 사람이 말 잘 하는 사람이라는 법은 없다. 하지만 언변이 좋은 사람은 아무래도 상대방에게 쉽게 어필할 수 있기 마련이다. 특히 만일 말을 듣는 상대방이 한두 명이 아니라 수백, 수천 명이라면 '말'은 훨씬 어려운 일이 된다. 그렇게 수많은 사람들 앞에서 말을 하는 것을 '대중 연설'이라고 하는데 듣는 귀가 많기 때문에 더 어렵기도 하지만, 어려운 만큼 말의 영향력도 그만큼 크다. 그래서 대중 연설은 자신을 마케팅하기 가장 좋은 방법이라는 말도 있다.

신인 정치인이었던 오바마를 일약 스타로 만들었던 것도 민주당 전당대회 때의 대중 연설이었다. 처음 그가 연단에 올라갈 때는 아무도 그것을 예상하지 못했다. 사람들은 그저 형식적인 박수로 정치 신인인 오바마를 맞았고 덤덤하게 그의 연설을 듣기 시작했다. 그런데 점점 분위기가 고조되면서 사람들은 하나둘 기립박수를 치고 급기

야는 연설장 전체가 열광의 분위기에 휩싸였다.

대선 예비 선거를 위해 연설을 다닐 때는 그의 연설을 듣기 위해 몰려든 청중들로 가득했다. 그리고 오바마가 연단에 오르자마자 '오바마'를 외치는 함성이 쏟아졌다. 연설이 끝나면 감동적 분위기가 이어지고 눈물을 흘리는 사람들도 있었다. 사람들이 오바마의 손을 한 번이라도 잡아 보기 위해 노력하는 모습은 마치 연예인을 만나기 위해 온 열성팬을 방불케 했다. 오바마가 재선에 승리하게 된 데에는 오바마의 감동적인 연설이 한 몫 했다는 것에 이의를 제기하는 사람은 없을 것이다.

오바마는 '언어의 연금술사'라고 불릴 만큼 언변이 좋기로 유명하다. 그래서 수많은 청중 앞에서 긴 연설을 하면서도 손에 종이 한 장 없이 말을 술술 풀어나가는 달변가로도 유명하다.

사실 많은 사람들이 정치인의 연설을 재미없어하거나 지루해한다. 딱딱한 단어로 조합된 내용들과 톤의 변화가 없는 목소리와 굳은 표정 등 어느 하나 재미있을 거리가 없다.

그런데 오바마는 다르다. 오바마의 연설이 열리는 곳에는 수많은 청중들이 몰려들어 환호한다. 미국에서도 '오바마 현상'이라고 할 만큼 오바마의 연설이 이색적인 분위기를 연출하고 있는 셈이다.

네티즌들은 검색 엔진을 통해서도 오바마 연설을 찾아볼 정도다. 그들은 '오바마 연설', '오바마 연설 원고', '오바마 연설 MP3' 등 다양한 검색어로 약 700만 회가 넘도록 검색해 다시 듣는다. 오바마의 재선 승리 연설은 많은 이들을 감동시키면서 SNS를 통해 전 세계에 빠르게 전파되었다. 그의 승리 연설을 본 우리나라의 한 블로거는 "동영상으로 오바마 대통령의 당선 승리 연설을 보면서 눈물을 글썽입니다. 쉽고 정확하고 확실하고 힘이 넘치는 연설입니다. 그가 지향하는 점에 확실히 공감합니다"라는 글을 자신의 블로그에 올렸다.

그가 대중연설에 탁월한 것은 틀림없다. 그러나 오바마라고 해서 아무런 준비 없이 명연설가가 된 것은 아니다. 오바마를 비롯해 현재 말 잘하는 연설가로 이름을 날리는 사람들도, 처음 연단에 섰을 때는 떨리고 불안한 심정이었을 것이다. 실수라고 없었겠는가. 다만 연설 경험이 많아지고 연설에 대한 판단력이 생기면서 실수는 점차 줄어들고 연설의 스킬은 늘어났을 것이다.

말 하는 능력, 연설의 능력은 타고나는 게 아니다. 훌륭한 연설가는 만들어지는 것이다. 오바마의 경우 대통령인 만큼 비서관으로 구성된 연설팀이 따로 있긴 하지만, 그렇다 해도 그 자신의 노력이 수반되지 않으면 안 된다. 일반 사람들이라도 다른 사람의 연설을 자주 듣고 연습하며 꾸준히 준비한다면 얼마든지 훌륭한 연설가가 될 수 있다.

대중 연설을 잘하는 방법

– 다른 사람의 연설을 자주 경청하라.

수많은 청중들 앞에서 연설을 잘 하는 사람이 되기 위해서는 일단 다른 사람의 연설을 자주 들어보는 것이 좋다. 다른 사람의 연설을 들을 때는 말투와 억양, 연설의 내용 등 연설을 일일이 분석해 가며 좋은 점은 무엇인가 좋지 않은 점은 무엇인가를 체크해 보는 습관이 필요하다.

그러한 과정을 통해 좋은 점은 받아들이고, 좋지 않은 부분은 자신의 연설에서 답습하지 않으려는 의식적인 노력을 하도록 한다.

– 미니 연설을 통해 충분히 연습하라.

연설에서 실수를 많이 하는 사람은 준비되지 않은 사람일 가능성이 매우 높다. 머릿속에 생각해 둔 바를 그대로 말하면 되겠지라는 지나친 자신감 때문에 벌어지는 일이다. 머리에 맴도는 말과 내뱉는 말은 완전히 다르다.

연설할 내용은 실제 말을 하는 것처럼 구어체 형식의 글로 써 보는 것이 중요하다. 그리고 그 글을 대중 앞에서 연설을 하듯 따라 읊어본다. 가까운 사람들 앞에서 미니 연설을 해 보는 연습도 좋다.

이런 많은 연습과 경험이 바탕이 된 후에는 글을 쓰지 않고 요점만 외워도 훌륭한 연설을 할 수 있는 경지에 오를 수 있다.

철저한 사전준비를 하라

사람들에게 어필하는 연설을 하기 위해서는 충분한 사전준비가 필요하다. 일단 가장 먼저 할 일은 자신을 정확히 이해하는 일이다. 연설을 통해 내가 원하는 바가 무엇인지, 나의 약점과 강점은 무엇인가를 파악해야 연설을 효율적으로 준비할 수 있다.

우선 자신이 어떤 목적을 가지고 있는가를 파악한다. 만일 오바마 대통령처럼 정치인이라면 훌륭한 정치인이 되겠다는 가장 큰 목적에서부터 이번 선거에서 승리하겠다는 목적, 연설을 통해 청중들에게 자신의 생각을 보여주겠다는 목적 등이 있을 것이다.

연설에서는 가장 큰 목적보다는 구체적인 세부 목적에 더욱 신경을 쓰는 것이 중요하다. 그러나 장기적으로는 가장 상위에 있는 목적까지 염두에 두고 연설의 전체 계획을 짤 수 있도록 노력한다.

목적과 함께 자신의 입장도 분명히 정리하고 있어야 한다. 만일 어떤 법안이 화두가 되는 연설이라면 그 법안에 대해 자신이 찬성하는 입장인지 반대하는 입장인지를 확실히 보여주어야 한다. 판단이 되지 않은 상태라면 왜 그러한지 논리적으로 설명할 수 있도록 준비해 두어야 한다. 그렇지 않은 경우에는 연설의 내용이 모호해져 전달이 충분히 되지 않거나 실패하는 연설이 되기 십상이다.

자신의 입장을 제대로 정리해 두는 것은 언제 나올지 모르는 반론을 위해서도 중요하다. 오바마의 경우 상대가 힐러리이든 존 매케인이든 롬니이든, 상대 후보를 비난하지 않으면서도 왜 자신이 대통령이 되어야 하는지를 명쾌하게 설명하는 것이 특징이다. 반론이 나올 때도 유연하게 대처한다. 그만큼 자신을 잘 파악하고 있기 때문이다.

자신을 파악했다면 자신의 연설을 들어줄 청중에 대해 충분히 파악해야 한다. 청중은 일종의 면접관이며 심판이다. 따라서 청중의 성향을 알아야 연설에 앞서 더 효율적인 대응책을 마련할 수 있다.

오바마가 연설을 하는 각 주는 저마다 청중의 성향이 다르다. 오바마에게 우호적인 청중이 많은 지역이 있는가 하면, 적대적인 청중이 대다수인 곳도 있다. 지지자가 많은 지역에서 연설을 하는 것과 그렇지 않은 곳에서 연설을 하는 것은 매우 다르다.

우호적인 청중이 다수인 연설이라면 자신의 주장을 입증하기보다는 한 번 더 강조하는데 그쳐도 될 것이다. 그러나 반대의 경우에는 그들과 작은 공통점이라도 찾아 조금씩 설득하는 자세가 필요하다. 이 때 중요한 것은 자신에게 우호적이지 않다고 해서 청중을 비난하거나 무시하는 태도를 보여서는 안 된다는 것이다. 적대적인 청중일수록 더 많은 준비가 필요하겠지만, 그 과정을 통해 청중을 설득하고 이해시키게 된다면 적대적인 청중은 더 충성도 높은 지지자로 돌아서기도 한다.

청중의 지식수준이나 욕구를 파악하는 것도 중요하다. 만일 교육 수준이 낮은 청중에게 전문용어나 정교한 논리를 사용한 연설을 한 다면 청중들의 반감만 커질 것이다.

그리고 청중이 무엇을 필요로 하는지, 무엇을 듣고 싶어 하는지 파악하여 그들의 가려운 부분을 정확히 긁어줄 수 있는 연설이라면 더욱 좋을 것이다. 그런 면에서 '변화와 희망'을 주제로 하는 오바마 의 연설은 연설자의 생각과 청중의 마음이 잘 맞아떨어진 예라고 할 수 있을 것이다.

연설을 할 때의 전후 상황을 미리 살펴보는 준비도 필요하다. 연설 을 하는 시기가 어떤 특정 기념일이라면 그 내용을 연설의 앞이나 뒤 에 언급하며 청중과의 일체감을 높일 수 있는 계기로 만든다. 오바마 가 첫 대선에 출마한 2008년이 마틴 루터 킹 목사와 케네디 전 대통 령의 40주기였던 것이 오바마의 지지자들에게 더 큰 의미를 주었던 것도 그런 이유에서였다.

연설 장소의 특성을 잘 이용하는 것도 도움이 된다. 연설을 하기 로 한 장소가 사람들의 기억에 남아 있는 유명한 장소라면, 연설 내 용에 그 이야기를 언급해 가며 흥미를 돋울 수 있다.

이와 같은 철저한 사전 준비는 더 좋은 연설을 만드는 힘이 된다. 그러나 사전 준비 가운데 한 가지 유의할 것이 있다. 상대방과 경쟁 을 해야 하는 연설의 경우, 때때로 청중의 지지를 얻기 위해 상대방에 대한 거짓 정보나 음해성 정보를 통해 상대방을 공격하는 사람들이 있다. 이러한 방법은 일시적인 승리는 얻을지 모르지만 장기적으로는 청중으로부터 신뢰를 잃게 되는 결과를 초래한다.

오바마의 장점 중의 하나는 그러한 네거티브 전략을 사용하지 않는다는 것이다. 연설의 기본을 아는 것이 결국에는 그 사람의 신뢰도를 한층 더 높이는 계기인 셈이다.

마음을 사로잡는 언변을 길러라

좋은 연설의 기본은 좋은 내용이다. 따라서 좋은 내용을 만들기 위해서는 주제가 명확해야 한다. 연설자가 말하고자 하는 바가 정확히 드러나는 연설이 좋은 연설이다. 그렇지 않고 알고 있는 지식의 나열에만 그친다면 청중의 하품만 유발하게 될 것이다. 부연 설명만 잔뜩 하고 정작 말하고자 하는 알맹이가 무엇인지 알 수 없게 만드는 연설도 좋지 않다.

거기에서 더 나아가 연설의 주제를 비전의 제시로 승화시켜야 한다. 오바마가 수백만, 수천만 청중의 마음을 사로잡을 수 있었던 것은 바로 모두를 한 마음으로 만든 비전 제시에 있었다. 감동적인 비전 제시를 통해 일에 의미를 부여하는 것이 리더십임을 생각할 때 오바마는 탁월한 리더십 능력을 갖고 있다는 얘기가 된다.

그러나 좋은 내용만 가지고 되는 일이라면 글로 전달하면 그만이지 굳이 연설까지 할 이유가 없다. 연설이란, 글이 아닌 말이기 때문에 좋은 연설이 되기 위해서는 좋은 내용이 청중의 마음에 깊이 와 닿을 수 있도록 전달하는 기술이 필요하다.

오바마의 연설이 대중의 마음을 흔들어 놓는 이유는 연설문의 내용이 좋은 것은 물론, 내용의 전달 역시 효과적이기 때문이다. 소위 좋은 연설의 조건을 두루 갖추고 있다고 해도 과언이 아니다.

비전이라는 '내용'을 '전달'하는 데에도 기술이 필요하다. 사람들을 적극적으로 참여하게 만들려면 비전에 생기를 불어넣어야 한다. 비전을 생동감 있게 만들어 안개에 싸인 비전을 보고 듣고 맛보게 만들어 구성원들의 열정에 불을 붙여야 한다.

이를 위해서는 힘이 넘치는 언어를 사용하는 게 좋다. 흔히 비전을 정복해야 할 산 정상으로 비유하는 것도 그런 방법의 하나다. 할 수 있고, 해야 한다는 느낌을 전달하여 사람들을 참여하게 만드는 것이다.

긍정적인 태도로 연설을 이끄는 것도 중요하다. 사람들은 뭐든지 할 수 있다고 생각하는 리더의 뒤를 따르게 마련이다. 이것은 되고, 저것은 안 될지도 모른다고 생각하는 부정적 리더라면 쉽게 신뢰할 수 없는 것이 당연하다.

비전에 생기를 불어넣고 긍정적인 태도를 견지하는 것. 오바마는 이 두 가지 면에서도 사람들의 기대에 부응하는 리더였다.

주제나 비전은 변하지 않되, 전체 연설에 어떠한 소재를 사용하느냐에 따라서도 연설의 방향은 달라질 수 있다.

오바마는 개인적인 경험을 자주 이야기함으로써 자신이 하고자 하는 말을 훨씬 효과적으로 전달했다. 예를 들어 첫 대선 출마 때 한 연설에서 혼혈아였던 자신도 상원의원이 될 수 있었던 것처럼 미국이라는 나라는 뭐든지 가능한, 뭐든지 이룰 수 있는 '희망의 땅'임을 상기시켰다.

"부모님은 저에게 '버락'이라는 아프리카식 이름을 주셨습니다. 관대한 나라 미국에선 이런 이름도 성공의 장애물이 되지 않을 것이라 믿었기 때문입니다. 부모님은 모두 돌아가셨습니다. 하지만 저는 알고 있습니다. 오늘밤 그들이 저를 자랑스럽게 내려다보리라는 것을 말입니다."

연설의 내용은 이처럼 오바마의 부모님이 지어주신 자신의 이름에서 시작했다. 그리고 자신이 대선 후보로서 그 자리에 설 수 있었던 것이 미국이라는 나라이기 때문에 가능한 것이라고 말하며, 희망이란 비전을 다시 한 번 강조했다.

연설은 사람들의 마음을 사로잡기 위한 것이다. 이를 위해서는 사람들의 이성을 끄덕이게 하는 방법도 있고 감성을 건드리는 방법도 있을 것이다. 이러한 연설 전략은 연설 주제에 따라, 연설 상황에 따라, 관중에 따라 달라질 수 있다.

오바마의 연설은 감성을 자극하는 쪽에 더욱 치중한다. '희망은 있다'라는 것은 논리적으로 설명하기 어려운 부분이다. 그렇다고 해서 무작정 믿으라고 한다면 아무래도 설득력이 떨어질 수밖에 없다. 오바마는 자신이 실제의 산 증인이 되어 희망을 보여주었고 관중들은 이에 공감하고 감동을 느끼게 된다.

단순하고 강력하게 연설하라

대중연설을 잘 할 수 있는 방법에는 여러 가지가 있지만, 그 중에서도 가장 기본적이면서 흔히 알려져 있는 것은 이런 것들이다.

- 간단한 용어, 짧은 문장을 사용하라
- 반복해서 말하라
- 지시문을 사용하라
- 인칭용어를 사용하라

한 음절로 사용할 수 있는 단어라면 굳이 늘려 쓰지 말고 최대한 짧게 사용한다. 예를 들어 '지금 이 시점에서'라고 말하는 것보다 간단히 '지금'이라고 말하는 게 낫다. 또한 긴 문장은 최대한 짧은 문장으로 잘라 사용해야 한다.

'자!' '첫째!' '한편' 등 다양한 지시문을 사용하면 청중을 연설에 주목하게 한다. 청중에게는 '여러분', 자신을 지칭할 때는 '나는' 혹은 '저는'이라고 표현하는 것은 기본이다.

그리고 연설의 중요한 부분은 반복해서 말하는 게 좋다. 청중은 연설 내용의 3분의 1만을 흡수한다고 한다. 그렇기 때문에 연설자가 꼭 강조하고 싶고, 청중의 뇌리에 남기고 싶은 내용이라면 적어도 3번 정도는 반복하는 것이 좋다.

이 스킬들의 공통점은 연설이 최대한 단순해야 한다는 것이다. 귀에 쏙쏙 들어가는 말은 쉽고 단순해야 하기 때문이다.

오바마는 이 연설의 스킬들을 잘 이용하고 있지만 그중에서도 그는 단어를 반복해 사용하는 것을 무척 즐기는 편이다. 어떤 연설에서는 3분간 'Yes, we can(우리는 할 수 있다)'는 단어를 무려 12번이나 사용한 적도 있었다.

"우리는 좋은 직장을 얻을 날을 고대하고 있다. 우리는 건강보험을 고칠 날을 고대하고 있다. 이라크 전쟁이 끝날 날을 고대하고 있다……"

이 연설에서는 우리는 고대한다(We cannot wait)라는 단어를 10차례 이상 되풀이했다. 그래서 오바마의 연설장은 마치 로큰롤 공연장이나 교회 부흥회장처럼 들썩인다. 탁 트인 음성, 강렬하면서도 절제 있는 제스처는 사람들을 그의 연설 속에 더욱 빨려들게 한다.

단순하게 연설하는 것, 다른 말로 하자면 쉽게 연설하는 것이다. 보통 좋은 교사는 쉽게 가르치는 사람이라고 말한다. 그런 것처럼 어렵게 말하는 것보다 쉽게 말하는 것은 더 어려운 일이다.

단순하게 연설하면서 그 안에 힘이 있는 연설의 모범답안이 바로 오바마이다. 그는 물론 앞에서 말한 연설의 다른 미덕들도 모두 가지고 있다. 그가 가진 대중 연설자로서의 리더십은 현재의 그를 만든 중요한 요소이다.

그가 주로 이야기하는 희망과 변화는 현 미국 사회가 가장 갈망하고 있는 코드이다. 이것을 정확히 파악하고 짚어냈다는 것도 오바마가 가진 능력 가운데 하나일 것이다.

오바마의 경우처럼, 대중 연설을 잘 하는 것은 사람의 마음을 얻어야 할 위치에 놓인 리더에게는 강력한 힘이 되는 세상이다. 텔레비전이나 인터넷이라는 요소의 위력이 커진 세상이라지만 대중 연설이 차지하는 비중은 여전히 무시할 수 없다. 미국 CBS 방송에서도 '미디어가 아무리 발달한들 연설자와 청중이 직접 소통하는 커뮤니케이션을 대체할 만한 것은 없었다'고 한 적도 있다.

말이란 무서울 만큼 강력한 힘을 가지고 있다. 그래서 힘 있고 개성있는 연설은 단순히 지지를 얻는 정도가 아니라, 듣는 사람들의 영혼을 매혹시킨다. 이러한 말의 중요성에 대해 오바마는 "말은 중요하지 않다고 말하지 말라. 나에겐 꿈이 있다(루터 킹 목사)는 명언도 말이고 우리가 두려워해야 할 것은 두려움뿐이다(루스벨트 전 대통령)라는 명언도 그저 말이다"라고, 말로서 말을 대변한다.

그는 확실히 말을 잘하는 사람이다. 연방 상원의원 선거 운동 중에 그의 연설을 들었던 남부에 사는 한 배관공은 "버락은 뭔가 달라요. 그를 보면 정치인이 아니라 지도자라고 착각하게 돼요."라고 말하기도 했다.

연단 위에서 사람들을 향하는 연설은 사람들이 리더를 리더라고 인정하는 순간이기도 하지만 스스로가 리더임을 확인하는 순간이기도 하다. 한 가지 잊지 말아야 할 것은 자신이 리더임을 확인하는 바로 그 순간, 자신의 말과 행동을 일치시키겠다는 마음가짐도 함께 가져야 한다는 점이다.

[버락 오바마의 빛나는 명언들]

"흑인 아메리카와 백인 아메리카도, 라틴계 아메리카와 아시아계 아메리카도 없습니다. 오직 미합중국이 있을 뿐입니다."

"미국은 책장을 넘길 준비가 되어 있습니다. 미국은 새로운 도전을 받아들일 준비가 되어 있습니다. 지금은 우리의 시대입니다. 새로운 세대는 앞으로 나아갈 준비가 되어 있습니다."

"호리호리하게 컸던 키다리 변호사의 생애는 우리에게 다른 미래가 가능하다는 것을 가르쳐 줍니다. 링컨의 그림자가 있는 이곳에는 우리 공동의 희망과 꿈이 있습니다. 그래서 나는 이곳에서 출마를 선언하려고 합니다."

"어려운 것, 위험한 것, 진실로 담대한 것. 그것은 희망을 가지는 것입니다."

"돈을 버는 것이 잘못된 일은 아닙니다. 하지만 돈을 버는 데만 삶을 집중시키는 것은 야망의 빈곤함을 보여주는 것입니다."

"올바른 길을 걸어가고 있고 그 길로 계속 가려는 의지를 갖고 있다면 끝내는 발전을 거둘 것이다."

"정책의 우선순위를 조금만 바꿔도 우리 아이들이 품격 있는 삶을 살아갈 수 있고, 모든 사람에게 새로운 기회가 주어질 수 있다는 것을 뼛속 깊이 본능적으로 알고 있습니다. 선택만 제대로 한다면, 우리는 분명히 더 잘해 나갈 수 있습니다."

"오늘의 선거는 부자 대 가난한 자, 젊은이 대 나이든 이, 흑인 대 백인 간 대결이 아닙니다. 과거 대 미래의 대결이었습니다. 우리는 각각 다르지만 전체는 하나입니다. 우리가 숨 쉬는 한 희망과 변화를 잊어서는 안 됩니다."

"의미 있는 변화는 항상 일반 대중에게서 시작된다는 것을, 그리고 함께 일하는 시민들이 엄청난 것을 이룰 수 있다는 것을 배웠습니다."

"나는 다른 사람들의 이야기에 귀를 기울이지 않거나 그들과의 대화에 참여하지 않으려는 것에서는 아무것도 배우지 못했고 우리 사회에서 그것은 확실히 건강한 정치의 기반이 될 수 없다는 것을 알게 되었습니다."

"나는 흑인을 위한 오바마도 아니고, 백인을 위한 오바마도 아니고, 황인을 위한 오바마도 아니고, 여성을 위한 오바마도 아니고, 남성을 위한 오바마도 아니고, 동성애자를 위한 오바마도 아니고, 오로지 미국을 위한 오바마입니다."

"신념이란 자기가 단순히 갖고 있는 무엇을 뜻하는 것이 아니다. 신념이란 실천하는 무엇이다."

"시카고 사우스사이드에서 읽지 못하는 아이가 있다면, 그건 내 삶에서 중요한 일입니다. 그 아이가 내 아이가 아닐지라도 말입니다. 처방전에 돈을 지불할 수 없어 약과 집세 사이에서 고민하는 노인이 어딘가에 있다면, 그것은 제 삶을 더 가난하게 만듭니다."

"제가 모든 전쟁에 반대하는 것은 아닙니다. 저는 바보같은 전쟁만 반대합니다."

"내가 만난 많은 미국인들은 우리 할아버지처럼 활달하고, 할머니처럼 현실적이고, 어머니처럼 친절한 사람들이었습니다. 부자들은 가난한 사람들이 하루빨리 가난에서 벗어나기를 바라고, 가난한 사람들은 자포자기하기보다는 더 열심히 일하려고 합니다. 지금의 미국 정치에 필요한 것은 바로 이런 보통사람들을 격려하는 정책들이라고 생각합니다."

"당신의 진정한 잠재력을 깨닫는 유일한 순간은 자신보다 큰 어떤 것으로 자신을 끌어올릴 때입니다."

"부유하든 가난하든, 흑인이든 백인이든, 히스패닉이든 아시아인이든, 우리는 이 나라를 근본적으로 변화시킬 준비가 되어있습니다. 이것이 바로 지금 미국에서 일어나고 있는 일입니다. 변화, 이것이 미국에서 일어나고 있는 일입니다."

"변화란 다른 사람이나 다른 때를 기다려서 오는 것이 아니다. 우리가 기다리는 변화의 주인공들은 바로 우리들 자신이다. 우리가 추구하는 변화는 바로 우리가 만들어내는 것이다."

"항상 최적의 해결책을 제안할 수 있는 것은 아니지만, 보통 더 나은 해결책을 낼 수는 있다."

"오늘 여기에 제가 서있는 이유를 잊지 않을 것입니다. 왜냐하면 누군가 어디에선가 위험을 감수하고 나를 위해 있어줬기 때문이죠. 힘들 때, 유명하지 않을 때 나를 위해 있어줬던 누군가가 있었기 때문이죠. 그 한두 명의 누군가가 세상을 바꿀 용기 있는 수백만이 되었습니다."

"나를 좋게 생각하나요? 기회만 주어졌다면 저일 수도 있었던 많은 청년들이 저쪽에 있습니다."

"세상에 이렇다 한 업적을 남기기란 어렵다. 그 일이 쉽다면 누구나 그렇게 할 것이다. 하지만 쉽지 않다. 인내가 필요하고 헌신이 필요하다. 그리고 많은 실패를 거쳐야 한다. 그러기에 진짜 시험은 이 실패를 피할 수 있느냐 없느냐가 아니다. 왜냐하면 누구도 실패를 피할 수는 없기 때문이다. 진짜 시험은 실패가 자신을 강하게 만드느냐 아니면 모욕감을 줘서 무능하게 하느냐이다. 다시 말해, 실패에서 배우고 참고 견뎌 내기로 결정하느냐이다."

"저는 어느 누구도 대통령이 되기 전에는 대통령이 될 준비가 되어 있다고 확신하지 않습니다."

"이번 선거에서 여러분은 우리의 길이 험하고 우리의 여정이 멀다 해도, 스스로를 일으켜 세우고 다시 싸운다는 것을 다시 한 번 일깨워줬습니다."

"최고의 순간은 아직 오지 않았다."